纪念改革开放40周年系列

Understanding Market

握手市场

1978—2018

刘金山 著

暨南大学出版社
JINAN UNIVERSITY PRESS

中国·广州

图书在版编目（CIP）数据

握手市场：1978—2018/刘金山著 . —广州：暨南大学出版社，2018. 12
（纪念改革开放 40 周年系列）
ISBN 978 - 7 - 5668 - 1337 - 4

Ⅰ. ①握…　Ⅱ. ①刘…　Ⅲ. ①中国经济—市场化进程—1978—2018
Ⅳ. ①F123. 93

中国版本图书馆 CIP 数据核字（2018）第 276968 号

握手市场：1978—2018
WOSHOU SHICHANG：1978—2018
著　者：刘金山

出 版 人：徐义雄
策划编辑：黄圣英
责任编辑：雷晓琪　黄佳娜
责任校对：梁念慈
责任印制：汤慧君　周一丹

出版发行：暨南大学出版社（510630）
电　话：总编室（8620）85221601
　　　　　营销部（8620）85225284　85228291　85228292（邮购）
传　真：（8620）85221583（办公室）　85223774（营销部）
网　址：http：//www. jnupress. com
排　版：广州市天河星辰文化发展部照排中心
印　刷：佛山市浩文彩色印刷有限公司
开　本：787mm×1092mm　1/16
印　张：12. 25
字　数：145 千
版　次：2018 年 12 月第 1 版
印　次：2018 年 12 月第 1 次
定　价：39. 80 元

分析经济形式，既不能用显微镜，也不能用化学试剂。二者都必须用抽象力来代替。

——马克思

解决中国的问题，提出解决人类问题的中国方案，要坚持中国人的世界观、方法论。

——习近平

　　历史总是要前进的，历史从不等待一切犹豫者、观望者、懈怠者、软弱者。只有与历史同步伐、与时代共命运的人，才能赢得光明的未来。

——习近平

目　录

第一章

市场舞台

狮子在市场中苏醒

社会与历史中的市场逻辑

进入才华折现新时代

狮子在市场中苏醒

2018 年，注定是不平凡的一年。这一年是改革开放 40 周年，是党的十九大后宏伟蓝图的开局之年，是需要总结历史、展望未来的一年。

1978 年到 2018 年，是中国波澜壮阔的 40 年。这 40 年浓缩了太多跨越时空的图景，令人目不暇接，其中一些爆发式的变化更是令人惊叹。这是继 1492 年哥伦布发现美洲新大陆、东西方历史大分岔之后，东西方历史发生又一次转折的 40 年。

2014 年 3 月 27 日，在巴黎举行的中法建交 50 周年纪念大会上，习近平主席说："拿破仑说过，中国是一头沉睡的狮子，当这头睡狮醒来时，世界都会为之发抖。现在，中国这头狮子已经醒了，但这是一只和平的、可亲的、文明的狮子。"狮子已经醒了！这意味着百年来我们艰难求解的"李约瑟之谜"（历史上的中国为什么由盛而衰）[1]已初有答案。

回顾历史，中国在世界经济版图中的地位变迁令人深思。英国经济学家安格斯·麦迪森在《世界经济千年史》[2]一书中认为，中国国内生产总值（GDP）占世界的比重呈现先升后降再升的状态。公元 1000 年为 22.7%，之后稳步上升，1820 年为 32.9%，达到顶峰；之后开始下降，1950 年为 4.5%，降到谷底，持续徘徊；1978 年后开始快速上升。

进入 21 世纪，作为发展中大国，中国 GDP 占世界的比重呈现不断上升的趋势。根据世界银行的数据统计，自 2006 年起，中国 GDP

占全球的比重以每年接近 1% 的幅度增长，2009 年接近 9%，GDP 总量正式超过日本，位居世界第二位。2007 年，在美国发生次贷危机进而全球发生金融危机的大背景下，中国 GDP 占世界比重依旧保持着稳定增长，2017 年约为 15%。回首历史，中国曾何其兴盛，却也曾遭受屈辱，今日中国正处于伟大复兴进程的关键时期。这一复兴，如能成功持续，将是一种奇迹——这或许是人类历史上由盛而衰、再由衰至盛的为数不多甚至可能是唯一的大国的案例，其模式所贡献的世界意义不言而喻。

作为承载着 13 多亿人口的大国，中国一直在探索伟大复兴之路。改革开放以来，中国经济快速增长，经历了高速发展阶段，被称为中国奇迹。当前中国经济迈入新常态，意味着中国经济由高速增长阶段步入中高速增长阶段。而通过持续若干时期的中高速增长所实现的"中国梦"，将被称为中国新奇迹。因为在世界经济发展史上，还没有出现过这样的大国案例。对大国经济而言，经历持续高速增长后，再经历持续的中高速增长，这一过程本身就是奇迹。

自 19 世纪 60 年代洋务运动以来，中国人民苦苦求索了 100 多年，始终曲折前行，直到 20 世纪 70 年代末，中国才开始了工业化的快速起飞。改革开放后，经过 40 年的快速发展，中国经济社会发展进入新时代。这一历程，值得大书特书。

从 1978 年到 2018 年，这 40 年绘就了中国历史新篇章。这背后，有思想、有理论、有模式，还有很多已经彰显的逻辑力量等待我们去发现、去探寻，去迎风破浪或顺势而为。中国一定是找到了"复兴密码"，顺应了发展规律和发展大势[3]，才形成了这一新局面。

中国在改革开放 40 年间，正是顺应了潮流，铿锵前行。人类历史中，市场作为经济社会发展隐而不显的动力，时刻指引着人类行动，推动着历史前行。1978 年，东西方历史再一次交汇，伴随着"实践是检验真理的唯一标准"的大讨论④，市场开始在中国的舞台上迸发出前所未有的力量，经济发展的序幕就此拉开。

千百年来，人类始终面临生存问题。寻求比先辈更好的生活，成为一代又一代人的追求。但直到 1700 年以后，人类的生产力才开始爆发。1848 年，马克思在《共产党宣言》中指出："资产阶级在它不到一百年的阶级统治中所创造的生产力，比过去一切世代创造的全部生产力还要多，还要大。……过去哪一个世纪曾料想到在社会劳动里蕴藏有这样的生产力呢？"⑤同时，东西方走上了不同的发展之路，世界各国的图景也就各有不同了。

这背后的市场力量，令人惊诧。

1815 年 6 月 18 日，在比利时小镇滑铁卢，拿破仑思绪万千，心情低落。他在 15 日率领 12 万大军从法国进入比利时，怎么会想到仅仅 3 天竟然就溃败至此。他看不起的"小店主国家"——英国及其联军，打败了自己的豪华之师。他更没想到，打败自己的不是英国军队，而是英国的小店主——是小店主背后的综合国力。这是人类历史上第一次军队在市场面前失败了。

1839 年 6 月 2 日晚，林则徐辗转反侧，因为第二天就要进行虎门销烟了。这件事情耗费他很多精力，为此他下了很大的决心，但他不知道，此举在未来会引发什么。一年之后，1840 年 6 月 28 日，英国对华发动鸦片战争，中国战败。究其根本，中国是败给了英国的小店主和工厂主，是败给了市场。19 世纪 60 年代初，国人终于惊醒，洋务运动开始了。

1853 年 7 月 14 日，美国海军准将佩里率舰队登陆日本江户湾，震惊了日本朝野。日本对西方工业文明"始惊，次醉，终狂"。随后，日本使团多次出游西方。1868 年，日本开始明治维新，推行殖产兴业，学习欧美技术，推进工业化，倡导文明开化。

1894 年 7 月，中日甲午战争爆发，这场战争检验的是双方初始工业化的成果。中国战败了，实际上是败给了日方的市场力量。一旦拥抱市场，大陆民族的内卷化，就败给了海洋民族的开放性。中国向何处去？国人困惑了，于是开始思考求新求变！

1900 年前后，严复⑥翻译《国富论》（即《原富》），这意味着和市场握手的现代经济学开始进入中国人的视野。虽然中国尚未进入市场经济时代，但这不失为一个起点。

1776 年，大西洋东岸，英国经济学家亚当·斯密出版《国富论》⑦；同年，大西洋西岸，美国宣告独立。《国富论》宣扬市场这只看不见的手，而美国后来成为最发达的市场经济国家。这是历史的一个巧合。《国富论》的风行，伴随着西方国家的市场意识的崛起与风行（下文简称"市意风行"）和西方经济社会的快速发展。严复翻译《国富论》，为中国推开了一扇窗，国人的僵化思想被市场触动了。

但市场正式登上中国的舞台，是在严复开始翻译《国富论》的80 年后。1978 年，那场改变中国命运的历史性会议⑧翻开了历史新的一页，开启了中国的市场化进程，一个新的历史逻辑起点出现了。

注释：

① 20 世纪中叶，英国著名生物化学家、科技史学家李约瑟（Joseph Needham，1900—1995）在其编著的《中国科学技术史》中正式提出如下问题：为什么在前现代社会中国科技遥遥领先于其他文明，而在近现代，中国不再领先；为什么科学与工业革命没有在

近代中国发生而发生在西欧？1976 年，美国经济学家肯尼思·博尔丁称之为"李约瑟之谜"。许多学者把"李约瑟之谜"进一步拓展，出现"中国近代科学为什么落后""中国为什么在近代落后了"等问题，学界对这些问题的争论一直非常热烈。中国科学泰斗钱学森曾提出著名的"钱学森之问"，与"李约瑟之谜"一样，都是对中国科学技术和经济社会发展的关切。早在李约瑟之前，就有许多人提出与"李约瑟之谜"类似的问题。1915 年，中国学者任鸿隽在中国最早的科学杂志《科学》第 1 卷第 1 期发表《说中国无科学之原因》一文提出了类似的问题，揭开了近代中国学者讨论这一问题的序幕。二十世纪二三十年代，竺可桢等科学前辈开始认真探讨"中国实验科学不发达的原因""化学肇始在中国何故后世反衰落"等问题，这些都是与"李约瑟之谜"极其相似的问题。德国人卡尔·奥古斯特·魏特夫所著《中国的经济与社会》于 1931 年出版不久后就引起了中国学者的关注，其中一篇文章《为何中国没有产生自然科学?》开启了李约瑟对中国科技史的研究兴趣。

②安格斯·麦迪森：《世界经济千年史》，北京：北京大学出版社 2003 年版。安格斯·麦迪森（Angus Maddison，1926—2010）是荷兰格罗宁根大学的荣誉退休教授以及剑桥大学赛尔温学院的荣誉院士。他创立了格罗宁根增长与发展研究中心，领导了"国际产出与生产率比较"（LCOP）研究计划，发展了生产法购买力平价理论及其在国际比较中的应用。他曾担任很多国家政府的经济顾问，到访过很多发展中国家，主要研究影响各国长期经济发展的因素。该书中，一些国家的案例研究非常引人入胜。比如，为什么荷兰曾经具有欧洲最高的生产率？为什么在文化上有着深刻纽带关系的中国和日本却在经济发展上有着极大的差异？为什么英国的北美殖民地造

就了经济强大的美国，而西班牙的北美殖民却造就了落后的墨西哥？

③周其仁：《中国做对了什么》，北京：中国计划出版社 2017 年版。

④1978 年 5 月 10 日，中央党校的内部刊物《理论动态》第 60 期刊登文章《实践是检验真理的唯一标准》。第二天，《光明日报》发表了这篇文章，新华社将这篇文章作为国内新闻头条转发全国。5 月 12 日，该文被《人民日报》和《解放军报》以及不少省级党报全文转载。到 5 月 13 日，全国多数省级党报都转载了此文。这篇文章阐明了实践不仅是检验真理的标准，而且是唯一标准；实践不仅是检验真理的唯一标准，而且是检验党的路线是否正确的唯一标准。在全国引起强烈反响，由此引发了一场大讨论。

⑤马克思、恩格斯：《共产党宣言》，北京：人民出版社 1992 年版，第 31 页。

⑥严复（1854—1921），福建侯官（今福州市）人，中国近代启蒙思想家、新法家、翻译家，是中国近代史上向西方国家寻找真理的"先进的中国人"之一。他系统地将西方的社会学、政治学、政治经济学、哲学和自然科学介绍到中国，翻译的《天演论》《原富》《群学肄言》《群己权界论》等著作在当时影响巨大，是中国 20 世纪最重要的启蒙译著。他从 1898 年开始翻译《国富论》，1901 年以"原富"为名出版。

⑦亚当·斯密（Adam Smith，1723—1790），现代经济学的主要创立者，1776 年出版《国民财富的性质和原因的研究》（简称《国富论》）。亚当·斯密的经济学就像物理学中牛顿的理论一样重要。其"看不见的手"的自由市场理论像牛顿的万有引力定律一样，是亚当·斯密献给人类的伟大观念，这一观念培育出来的市场经济制

度尽管有各种不尽如人意的地方，但迄今为止却是被实践证明能够比较有效率地组织经济活动的经济制度。亚当·斯密说："每个人都试图应用他的资本，来使其产品得到最大的价值。一般来说，他并不企图增进公共福利，也不清楚增进的公共福利有多少，他所追求的仅仅是他个人的安乐和个人的利益，但当他这样做的时候，就会有一双看不见的手引导他去达到另一个目标，而这个目标绝不是他所追求的东西。由于追逐他个人的利益，他经常促进了社会利益，其效果比他真正想促进社会效益时所得到的效果更大。"

⑧1978年12月18日至22日召开的十一届三中全会，是中华人民共和国成立以来中国共产党历史上具有深远意义的伟大转折。这次会议拉开了改革开放的序幕。十一届三中全会彻底否定了"两个凡是"的方针，重新确立了解放思想、实事求是的思想路线；停止使用"以阶级斗争为纲"的口号，做出把党和国家的工作重心转移到经济建设上来、实行改革开放的伟大决策。会议公报明确指出："我们在明年把工作中心转入社会主义现代化建设并取得应有的成就，将是对建国三十周年的最好献礼。"

社会与历史中的市场逻辑

任何社会，都需要解决两大问题：一是稀缺的资源如何得到有效配置，使之符合社会偏好而不浪费；二是如何激发社会成员的积极性，即如何激励每一位成员奋发图强、积极工作而不会造就一批懒人、闲人、庸人。解决这两大问题，不同的经济制度有不同的效果。在人类发展的历史长河中，各种经济制度一直在竞争中优胜劣汰，没有效率的经济制度必将退出历史舞台。人类发展迄今，市场经济制度虽然不能说是最好的，但至少可以证明是比较有效率的。这既是发达国家（地区）选择市场经济制度的关键所在，也是我们经历探索之后选择市场经济制度的关键所在。

市场经济的核心功能在于通过对以价格为核心的市场信息的有效利用，引导理性的行为主体把稀缺的资源配置到符合社会偏好的领域中去。符合社会偏好，资源配置有效，理性行为主体就有利可图，福利就会增加；否则导致资源浪费，无利可图，就没有所谓的福利。在这一过程中，自由选择的行为主体自由决策，决策的结果自行承担。理性行为主体要想福利最大化，就要为社会提供有用的产品和服务，使别的理性行为主体的福利增加。正所谓通过使别人幸福实现自己的幸福，这就是市场经济的激励相容。这既是市场经济功能的作用过程，也是市场"决定性作用"的实现过程。市场决定性作用的最终目标，就是要塑造一个好的社会，一个人们通过市场平等发生联系的社会。

比如，女人的衣橱里永远都少一件衣服，所以女性爱在商场里搜寻那件心中"稀缺"的衣服。这种情况下心理效用高，逛街就不觉得累。

那么，一个问题来了：如果你看上一件心仪的衣服，为什么不可以穿起来就走，而必须支付一定的货币呢？当然，从法律、道德等方面，每个人都能讲出许多理由。但另一个问题又来了：你在商场里呼吸着空气，空气对生命而言是不可或缺的，为什么不需要为空气付费呢？所以，为服装付费的终极理由应该是——生产服装的资源是稀缺的。

稀缺资源如何配置才能满足无限的多元化社会需要是任何社会都要面临的一个问题。有人喜欢红色连衣裙，有人喜欢紫色长裤，有人喜欢米黄色风衣，稀缺资源如何配置才能满足这些偏好？

比如，今年广州流行某种布料的服装。流行，就是有市场需求，甚至是短期内可以呈指数增长的市场需求。有市场需求，供给跟不上，价格就上涨。广州的零售商从杭州的批发商那里多购进此类服装，批发价格就上涨；杭州的批发商到河北的制衣商那里多进货，出厂价格就上涨；河北的制衣商多买河南的那款布，布的价格就上涨；河南的制布商多买宁夏的那款线，线的价格就上涨；宁夏的制线商多买新疆的棉花，棉花的价格就上涨；新疆的棉农就多种符合那种布料需要的棉花。

"新疆种棉花→宁夏制线→河南制布→河北制衣→杭州批发→广州零售→广州人民的服装偏好得到满足"，在这个过程中，新疆棉农可能并不知道广州流行什么，但最终稀缺的资源被配置到了广州人民所喜欢的服装上去。这就是价格的神奇力量！每一家企业，无论身在何地，都是自主决策。价格引导着每一家企业的自主决策。以价格为中心的市场信息如无形的手，把稀缺资源配置到符合社会偏好的商品上去。当然，自由是你的，自由选择产生的结果也是你的：判断对了，你就赚钱；判断错了，你就亏钱。因此，自由是你的，风险也是你的。

解决稀缺性问题的同时，任何社会都要面临第二个重要的问题：人的积极性如何被激发。一个社会，如何激发其成员的积极性至关重要。人是极其复杂的，人性是善恶之间动态复杂变化的过程，善恶之间，既可能是渐变，也可能是骤变。人性的动态复杂性，决定了社会的复杂性，也决定了市场的复杂性，决定了历史进程的复杂性。

任何社会，人对激励都会产生反应。试想，你到饭店吃饭，无论是进店还是离店时，服务员小姐都会对你微笑。她为什么对你微笑？微笑，可能发自内心，也可能是职业性的，但长时间的微笑也很累，即需要付出人力成本。

服务员小姐为什么可以长时间做出利他的行为（微笑）呢？因为她是理性人，其目的是追求自己的利益最大化。对顾客而言，微笑的心理效用是高的。面带微笑的"利他"行为能带来回头客，饭店就有了可持续的现金流，服务员小姐就业稳定了，奖金也高了，"利己"的目的就实现了。

通过做出"利他"行为，实现"利己"目的；通过"我为人人"，实现"人人为我"，这就是激励相容，以此构建和谐社会。

那么，应到哪里去寻找一个理想的社会呢？在人类的历史长河中，各种制度相互竞争，岁月会涤荡一切无效率的东西，这既是历史的无情之处，也是其有情之处。市场经济制度不一定是最有效率的，但可能是具有相对效率的。至少，实践是这样告诉我们的：市场经济国家（地区）不一定是发达经济体，但发达经济体一定是市场经济国家（地区）。

市场，造就了一个相互打工的世界。我为社会提供更好的产品或服务，市场的货币选票决定我的现金流"有或无""多或少"，决定我的生活，决定我有多少别人为我提供的产品和服务。

市场，讲的是"和气生财"。为什么要细声细气地经营市场？因为粗声粗气会赶走你的货币选票。把别人的钱通过市场装到自己的口袋里是不容易的。马克思说得好："商品价值从商品体跳到金体上……是商品的惊险的跳跃。这个跳跃如果不成功，摔坏的不是商品，但一定是商品所有者。"[①]市场的优势，在于激励其成员去努力工作，提供更好的产品和服务，去满足社会偏好，解决稀缺性问题。

世界在你眼前，经济学就在你身边。如果仔细思考一下，就会发现无论何时何地，从摇篮到坟墓，我们都在受经济学原理作用的影响。无论是鲜衣华服之辈，还是引车卖浆之流；无论居庙堂之上，还是处江湖之远，经济学原理就在你的身边，顺之则昌，逆之则衰。

经济学研究的是在约束条件下人的最大化行为。行动，是心与外部约束条件的互动。人的行为，一定是综合考察各种变量的结果。经济学，就是研究各种经济变量之间的逻辑关系。

经济史，则是某时某地所发生的事件中，经济变量之间逻辑关系的梳理。通过变量的关系分析，辨析因果，辨析趋势。这样，回望过去，就能更好地展望未来。虽然社会不断发展变化，但有些逻辑关系是相对稳定的，这就是所谓的"历史出科学"。经济史回顾、总结过去是为了面向未来，是为了未来的美好生活。

诺贝尔经济学奖获得者、货币主义学派米尔顿·弗里德曼曾指出：自 1929 年起世界经济大萧条，而 1928 至 1937 年是中国国民政府经济增长的黄金 10 年。1937 年以后世界经济复苏，而中国经济衰退，恶性通胀，国民政府失去民心，政权更替。[②]原因为何？因为1933 年美国通过《白银购买法案》敞开收购白银，导致国际银价上升。当时实行银本位货币制度的中国，面临两个问题：一是本币升值，抑制出口；二是由于白银走私到国际市场，造成白银储备不足，无法发行货币。国民政府废除银本位制，实行新的货币制度，结果应对不足，导致恶性通胀。一个法案导致了另一个国家的货币制度坍塌，这一现象，令人惊诧。

经济变量之间的逻辑关系有着很强的力量。1978 至 2018 年的中国，不断发生大事件。这些大事件的背后，就是市场的生根发芽、开花结果。市场发育的过程，就是跟着心意行动的过程。

比如，消费者的心理从收入、支出、风险、预期等方面综合考量，因时而变。传统体制下，充满确定性的低收入、低消费、全包的社会主义福利体制，几乎没有什么风险，这是绝对收入说[③]。20 世纪 80 年代，充满确定性的收入增长，不断加强的福利体制，消费扩张升级的示范行为，害怕"钱不值钱"，这是相对收入说[④]。20 世纪 90 年代以后，收入充满不确定性，单位社会主义福利体制逐渐解体，消费支出刚性增长，就怕未来"没有钱"，跨时配置资源，这是生命周期说。[⑤]消费者对价格、利率等市场变量更加敏感了，市场经济也就有了微观基础。否则，学习宏观经济学的人都知道的"IS－LM"模型，其基础就不存在了。消费者面对如何挣钱、如何花钱的问题，是极其理性的。

比如国有企业 20 世纪 80 年代放权让利的改革，带来了激情燃烧的岁月，单位社会主义福利体制逐步加强，却忽视了生产性努力。20 世纪 90 年代，"产权明晰"盘活了资产，盘出了福利制度的裂缝，更盘出了职工对未来不确定性的恐惧。

　　消费者跟随心意行动，从炫耀性消费自然而然地演进到生命周期消费。消费者与生产者的悄然互动，就靠那只看不见的手，还有那只看得见的手。

　　人心思变，在不知不觉之间。用心感受市场的动态，你不但能看到更远的过去，更能看到更远的未来。马克思说得很对："分析经济形式，既不能用显微镜，也不能用化学试剂。二者都必须用抽象力来代替。"⑥生产力和生产关系、经济基础和上层建筑这两对关系，被现实世界的人们折腾来折腾去，它们又把现实世界的人们折腾得够呛。其实，有效处理这两对关系的根本途径就是行随心动。

注释：

①马克思著，中共中央马克思、恩格斯、列宁、斯大林著作编译局译：《资本论（第一卷）》，北京：人民出版社 1975 年版，第 124 页。

②米尔顿·弗里德曼著，安佳译：《货币的祸害：货币史片段》，北京：商务印书馆 2006 年版。米尔顿·弗里德曼（Milton Friedman，1912—2006）指出，货币制度中有些看似微不足道的变化，常常会引出一些任何时候都会出现且无法预期的结果；从地方小业主到华尔街的银行家，甚至到美国总统，没有人能躲过货币经济学的影响。

③约翰·梅纳德·凯恩斯（John Maynard Keynes，1883—1946）的绝对收入说认为，在短期中，消费取决于当期收入；随着收入增加而消费增加，但消费增长低于收入增长。

④詹姆斯·杜森贝里（James Duesenberry，1918—2009）的相对收入说认为，消费是一种社会行为，具有很强的示范效应，家庭消费决策主要参考其他同等收入家庭，即消费有模仿和攀比性；消费

具有棘轮效应，家庭消费受本期绝对收入的影响，更受以前消费水平的影响，收入变化时，家庭宁愿改变储蓄以维持消费稳定。

　　⑤弗兰科·莫迪利安尼（Franco Modigliani，1918—2003）的生命周期说认为，理性消费者将根据效用最大化原则使用一生的收入，安排一生的消费与储蓄。因此，消费不是取决于现期收入，而是取决于一生的收入；家庭在每一时点上的消费和储蓄决策反映了家庭在其生命周期内谋求达到消费理想分布的努力，而家庭的消费要受制于该家庭在其整个生命期间内所获得的总收入。该假说与弗里德曼的持久收入说逻辑相似，都是强调跨时均衡配置资源。

　　⑥中共中央马克思、恩格斯、列宁、斯大林著作编译局：《马克思恩格斯全集》第 23 卷，北京：人民出版社 1972 年版，第 8 页。

进入才华折现新时代

对于今天而言，昨天已是历史；对于明天而言，今天也将成为历史。今天是你最年轻的时刻，需要看过去、洞今朝、展未来。种瓜得瓜，种豆得豆，你明天的收入流，一定是今天进行的各种才华投资的折现。

古人云：治大国，若烹小鲜。很多事情的逻辑是一样的，治理国家和治理公司的道理也是一样的。治理公司，要为客户提供更好的产品和服务，使客户满意。治理国家，如同治理一家大公司。国家这个大公司的产品就是繁荣与安全，客户就是百姓。古今中外，"水能载舟，亦能覆舟"就是这个道理。孙中山所说的"世界潮流浩浩荡荡，顺之则昌，逆之则亡"也是这个道理。"李约瑟之谜""黄宗羲周期律"等都是这个道理。

拿破仑看不起"小店主国家"英国。其实，"小店主国家"这个词并不是拿破仑的发明，而是亚当·斯密形容当时英国的用语。亚当·斯密的厉害之处在于他在纷繁复杂的社会乱象中看到了市场这只看不见的手在引导着经济社会的运行。

西方民族国家的崛起，在于市意风行。这背后，是商业文明，是理性逻辑，是每一个人行随心动，为了自己的美好生活努力奋斗。市场，就是一个才华折现器。

市场是中国这头狮子醒来进而快速奔跑的逻辑起点。对于中国而言，市意姗姗来迟——这有些沧桑，但如今，市意风行，这又令人自豪。中国和市场一握手，狮子就醒了，并快速跑了起来，跑进了一个才华折现的时代。

但在此过程中，争论一直不断。市场这只看不见的手和政府这只看得见的手，到底是什么关系？这一问题的实质，是"市场"还没有成为人们心中的一种常识。的确，从改革意义上讲，我们处于从传统计划经济体制迈向市场经济体制的过程中，有些认识、观念难以革除，心中"行政主导"的"小辫子"还没有完全剪掉。中国改革开放40年的实践，丰富了人们对政府与市场之间关系的认知，逐步超越"替代"理念，演进到"互补"关系：政府与市场应该握手，政府的职能在于增进、完善市场功能与丰富市场体系。

改革开放40年，也是握手市场的40年。握手市场的核心，是让人民尽情地进行才华折现。对于中国这头快速奔跑的狮子而言，2017年是极其重要的一年。党的十九大提出，经过长期努力，中国特色社会主义进入了新时代，这是我国发展新的历史方位。十九大提出的习近平新时代中国特色社会主义思想，是对中国历史的总结，是对"历史终结论"的有力反驳。

2012年11月15日，刚刚当选为中共中央总书记的习近平庄严宣示："人民对美好生活的向往，就是我们的奋斗目标。"以人民为中心的发展思想，彰显了习近平新时代中国特色社会主义思想的历史底蕴和价值内涵。

习近平总书记指出，幸福是奋斗出来的。美好生活，是需要努力奋斗的。努力奋斗的过程，就是微观个体才华折现的过程。中国特色社会主义进入新时代，从微观意义上讲，就是进入了才华折现新时代。

才华折现新时代是如何形成的？改革开放40年，市意风行40年，就是市场化起步、成长、深化的过程。这一过程是如何走过来的？微观行为主体是如何进行动态优化、理性选择的？这是"中国梦"的微观基础，是实现"两个一百年目标"的微观基石。

如何描绘改革开放这40年市场化进程中的微观行为（居民、企业、政府）模式变化及其背后的经济学逻辑，以及如何提炼才华折现新时代的足迹，是本书的着力点。

回首40年的微观事实，可以发现以下三点：

（1）市场是才华折现的地方，让才华自由地折现是市场的职能，才华指能够为社会提供更好的产品和服务的能力；

（2）一部改革开放史，就是一部微观个体理性选择、努力奋斗迈向美好生活的历史；

（3）不同于政府替代论，政府与市场是互补的，一部改革开放史，就是一部政府增进市场功能的历史。

1978—2018年，市意风行的改革开放40年，值得我们回首，值得我们总结。你能看到多远的过去，就能看到多远的未来。

第二章

初春新风（1978—1988）

逻辑起点：双重转型

1978 年党的十一届三中全会拉开了市场登上中国舞台的序幕，市意朦胧，东方欲晓。改革开放市场化进程的逻辑起点是自然经济和计划经济，这决定了中国改革开放是具有双重意义的转型：从自然经济迈向商品经济，这是发展意义的转型；从计划经济迈向市场经济，这是改革意义的转型。

这一双重意义的转型，不同于发达国家从自然经济向商品经济的发展转型，没有任何成熟的模式可以借鉴。所以，改革开放的初始阶段，必然是"摸着石头过河"。中国特色社会主义市场经济在双重意义的转型中出发。

如何使大多数的人感受到变化并受益于改革开放，起点至关重要。20 世纪 70 年代末的中国，广袤的农村仍处于自然经济发展模式下，生存仍然是第一要务。农村人口，依然占中国人口的绝大多数。

1978 年，安徽省凤阳县小岗村，18 位农民以"托孤"的方式，冒着极大的风险立下生死状，在土地承包责任书上按下了红手印，创造了"小岗精神"，拉开了中国农村土地改革的序幕。这是一个典型的诱致性制度变迁[①]，充分发挥了社会基层的创新精神。

家庭联产承包责任制成了中国改革开放的起点，促进了农业的大发展。承包合约释放了巨大的农业生产力，产生了农业产品剩余进入市场，为农民带来了收入流。

农业改革的成功，为农村工业化的萌芽和起飞，为乡镇企业的出生和成长提供了市场储备、原料储备和劳动力储备。中国的增量改革就这样启程了。

农村改革与 20 世纪 80 年代初国有企业放权让利改革[②]产生了政策共振状态。国有企业得到了"放权"，能自主生产一些产品，当然也开始生产人民群众需要的轻工业产品。农村改革产生产品剩余，为国有企业改革提供了原料，也提供了市场，农村消费平面扩张与升级也具备了条件。国有企业得到了"让利"，传统的单位福利体制得到加强，城镇居民的收入提高，居民消费的平面扩张与升级具备了条件。农村改革与城市改革，就这样迈入了激情燃烧的岁月。

国有企业在分配领域的改革激发了员工的积极性。福利水平的提高，强化了未来收入的确定性，减少了未来支出的不确定性，人们不怕"没有钱"（就业稳定收入就确定），就怕"钱不值钱"（害怕通货膨胀），在 20 世纪 80 年代以前不可能存在的炫耀性消费，在 20 世纪 80 年代中后期已蠢蠢欲动。

但国有企业改革在进行分配性努力的同时，生产性努力却没有得到应有的重视，在市场短缺的环境下，产品不愁没有出路。一旦市场供求格局发生变化，市场的冲击就会使国有企业措手不及。这一切当时虽然还没有显现出来，却为后来的国企困境和产权改革埋下了伏笔。

20 世纪 80 年代，农村改革与城市改革并举，产生了资源配置改进效应，改革开放一路风行。此时的改革，很多领域是帕累托改进[③]，即资源配置状态改变，全部或部分人受益，没有人受损。有些领域，虽然不存在帕累托改进，但存在着卡尔多改进[④]，即有人受益，有人受损，受益者在一定程度上补贴受损者。此刻，很容易形成改革共识。

注释：

①制度变迁包括自下而上的诱致性制度变迁（需求主导型制度变迁）和自上而下的强制性制度变迁（供给主导型制度变迁）两种基本类型。诱致性制度变迁：制度的创新是由一群（个）人，在响应由制度不均衡引致的获利机会时，所自发倡导、组织和实行的制度变迁。特点有：改革主体来自基层；程序为自下而上；具有边际革命和增量调整性质；在改革成本的分摊上向后推移；在改革的顺序上，先易后难、先试点后推广、从外围向核心突破；改革的路径是渐进的。强制性制度变迁通过政府命令和法律引入和实现。特点有：政府为制度变迁的主体；程序是自上而下的；激进性质；具有存量革命性质。

②1979 年，国务院颁布《关于国营企业实行利润留成的规定》，主要内容为放权让利和承包制。国务院先后在全国各地实行了放权让利试点工作，实施国营企业经济责任制和企业内部经济责任制，将国营企业原来上交的利润改为所得税，并明确了承包经营责任制的内容和形式、承包经营合同双方的权利和义务、承包者和承包企业管理方案等。此后直至 1992 年党的十四大召开，国有企业改革都处于放权让利阶段。

③意大利经济学家维弗雷多·帕累托（Vilfredo Pareto，1848—1923）在关于经济效率和收入分配的研究中最早使用了这个概念。帕累托最优（Pareto Optimality）也称为"帕累托效率"（Pareto Efficiency），指的是资源分配的一种理想状态。假定固定的一群人和可分配的资源，从一种分配状态到另一种状态的变化中，在没有使任何人境况变坏的前提下，使得至少一个人变得更好。帕累托最优状态就是不可能再有更多的帕累托改进的余地。如果不是帕累托最优，

则存在这样一些情况:有一些人可以在不使其他人的境况变坏的情况下使自己的境况变好。

④卡尔多改进,全称为"卡尔多—希克斯改进",也称"卡尔多—希克斯效率"(Kaldor-Hicks efficiency),1939 年由约翰·希克斯(John Hicks, 1904—1989)提出,是指如果一个人的境况由于变革而变好,因而他能够补偿另一个人的损失而且还有剩余,那么整体的效益就改进了。尼古拉斯·卡尔多(Nicholas Kaldor, 1908—1986)1939 年发表《经济学的福利命题与个人之间的效用比较》一文,提出了"虚拟的补偿原则"作为其检验社会福利的标准。希克斯补充了卡尔多的福利标准。

1978 · 自然经济：鸡蛋是货币

　　世间本无平常物，一枚鸡蛋，看似普通，但在特殊的时间、地点，就可能有不同的意义。比如，在 1978 年河南的一个农村——那个生我养我的自然村。

　　1978 年秋天，我上小学一年级，就在自然村小学。所谓自然村小学，其实就是一间教室，只有一年级与一位老师。这位老师身兼班主任、语文老师、数学老师数职。二年级及以上的学生，到行政村小学就读。这个行政村下辖有三个自然村。初中要到所在乡镇（当时称"公社"）中学就读。高中要到相邻乡镇中学就读，相邻的三个乡，只有一所高中。当然，也可以到县城中学就读，但对普通人家来说，那是极其昂贵的，也很难得到机会。

　　我上学时即将满 7 周岁。当时，上学的年龄没有限制，班里同学有 6 岁的，也有 8 岁、9 岁的。小孩的上学年龄基本都是家长根据家庭情况做出不同选择。

　　上学就要交学费。学费从哪里来？书本费从哪里来？作业本和铅笔等文具费又从哪里来？尽管只是几角钱，但也是农村家庭的一个重大经济问题。当时，实在是没有什么经济来源，除了那几只会下蛋的母鸡。

　　母鸡是农村家庭极其重要的经济资产——会下"金蛋"（货币）的鸡，是可以带来现金流的。鸡蛋在村里具有普遍可接受性，可以用来换食盐等日常用品，邻里之间可以相互借鸡蛋。此刻，鸡蛋充当了货币，具有交易中介、支付、储备等功能。

家长拿着鸡蛋到乡镇集市卖掉，换几角钱交学费、书杂费，或用鸡蛋到村里小卖部换作业本和铅笔。一枚鸡蛋，可以换一到两本作业本或者几支铅笔，或者二者的组合。好在当时还允许农户自己养殖一些家禽牲畜，否则学费问题就很难解决了。学杂费问题解决后（当然也可以暂时欠着），家长就到老师家里报个名，之后孩子就可以到学校上学了。

上学要自己从家里搬小木凳，当时没有塑料凳，因为塑料凳是轻工业品，在农村极其少见。木凳一般都由自己家手工制作。每个家族里总有一两个男人会手工活，做些日常家居用品。课桌是老师和村民用土坯搭起来的；教室是村里的一间公共房屋——土坯房。

木凳，土桌，公屋，一名老师，一个年级，两门课程，十几个孩子，这间小学就这样开始运转了。

上学，就要写作业。有一天，不记得是外出回来晚了，还是急着外出，那天的作业我草草完成。第二天早上晨读时老师批改作业，直接把我的作业扔出了门外，并厉声叫我捡回来，让我重新写一份交上去。

众目睽睽之下，我脸热心惊，从此，我的每一份作业都积极认真地完成，再也不敢粗心大意。这件事情，一直伴随着我成长、求学、工作、生活，始终督促我踏踏实实做人做事。老师是有威望的，在农村，老师依然是"先生"。村民对知识是尊重的，这是一种朴素的感情，是一种"万般皆下品，唯有读书高"的纯朴认识。

爱玩自然也是孩子的天性。夏日某个艳阳高照的上午，课间活动时，我和几个男生偷偷溜到课室南边的池塘去游泳。老师知道后，急忙把我们喊回课室，命令我们六七个男生跪在地上，随后用鞭子抽打我们的后背。

　　我侥幸单独跪在另一扇门后，老师没有抽打到我，可能是老师假装没看见我，可能是因为我学习成绩不错，也可能是因为我们家族在村里也算是大户人家，毕竟村里习俗或者宗法还发挥着作用。

　　鞭子，在当时就是权威，老师挥鞭子是要管住孩子们的不良行为。家长们对此是认可的，也是支持的。鞭子抽在小伙伴身上，却也抽在了我的心上。从此，我再没有与同学私自下池塘游泳。因为我们知道，水是无情的，一旦发生溺亡，那可是天大的事情。

　　感谢这位启蒙老师，一扔一抽之间，使我认识到要好好学习、莫乱做事。

　　1978 年的河南农村，自然经济、传统习俗与具有普遍可接受性的权威，支配着农村社会的运行。鸡蛋，担负着货币职能；而真正的货币，在农村是极其稀缺的。一年级的小学生，除了学习和玩耍之外，还不知道村外的世界发生了什么。

1979 ·自然风险：我是留级生

1979 年秋天，我本该离开自然村小学，到行政村小学上二年级，但我被留级了，只能继续在自然村小学上一年级。

我留级不是因为学习成绩不好，而是母亲经过深思熟虑后做出的决策。母亲为什么让我留级呢？因为巨大的自然风险。

从我生活的自然村到行政村小学，大约有一公里的路程。这一公里对一个八岁的孩子而言充满危险。当时，学校的作息是这样的：早晨，到校晨读一小时；回家吃早饭；返校，开始上午课程；回家吃午饭；返校，开始下午课程；放学回家。这一公里，往返学校与家每天共计走六次。

这一公里，不是现在的水泥路等硬路，而是一条土路，路的两边是杨树，树下是排水沟渠。颇有一些"走的人多了也便成了路"的意思。天气晴朗的时候尚好，不算危险；到了冬天，特别是下鹅毛大雪时，寒冷彻骨，路面泥泞湿滑，很是难行；夏天滂沱大雨时，又风吹雨打，沟满河平，这时最为危险。母亲是绝不愿意冒险的。

我生活的自然村，地处平原地带。主干道的两旁都有排水沟渠。这些沟渠呈网络状，彼此之间是相通的。滂沱大雨时，雨水汇集到沟渠，最终流向村北边的一条大河。如果没有这条大河，庄稼就会被淹，村子也会被淹。

这条大河也是孩子们夏日的主要去处。河水清澈见底，水草摇曳，鱼儿畅游其中。口渴了，可以喝清澈的河水，用手一捧即可。孩子们最喜欢的是游泳，常常比赛看谁先游到对岸；用罐头玻璃瓶在河里捉鱼也是孩子们的一大乐趣。

沟渠和大河的布局，巧夺天工，顺应地势，人们通过修建沟渠疏导了雨水。农村这一公共设施，发挥着重要作用，通过排涝保障庄稼正常成长，保障人和牲畜的安全。

听说我小时候生了场大病，亲友跑了十多公里的路，把我送到乡镇（公社）卫生院才抢救过来。

当时，乡镇有一所卫生院，各个自然村有一名赤脚医生。但赤脚医生只能开些药，治一治发烧感冒。一旦有大病或者急病，就要靠亲友抬着送到十几公里甚至几十公里之外的乡镇医院或者县城医院看病。有一次我曾亲眼看到弟弟发烧抽搐，喊来赤脚医生也无济于事，现在想起来还心有余悸。

人有旦夕祸福，基本公共服务无论何时何地都是需要的。学校与家之间这一公里的巨大自然风险该如何化解呢？有时候，自然风险是需要靠时间来化解的。母亲虽然不懂化解风险的逻辑，但化解风险的本能和常识还是具备的。公共交通、公共水利、公共卫生医疗、公共教育，当这些基本公共服务尚不能满足需要时，自然风险就只有靠时间来化解了。再读一遍一年级，为的就是用时间化解自然风险，我年长一岁，抵御风险的能力自然也随之增加。

实际上，很多经济危机和金融危机，都是靠时间来化解的。救市政策是否有用，一时半会儿很难判断。有时候，救市政策有没有起到反作用，就更难说了。

当时，孩子是没有市场风险的，不会被拐卖。因为计划生育政策尚未开始，每家都有三个以上的孩子，甚至有些家庭有七八个孩子。孩子不是稀缺资源，孩子的非法市场（拐卖）不易形成，家长们也就不用考虑化解市场风险了。

母亲的这一决定，影响了我后来的人生。这一决定的背后，是伟大的母爱。由此，我开始了新的一年级生活。

1979 年，谁都不知道，那条清澈见底、充满乐趣、人人喜爱的大河，未来会变成什么样子。大人们开始留意从广播和收音机里传出来的信息。闲谈之中，我似乎听到大家都在议论北京开会了①、"包产到户"了。懵懂的我并不理解这些事情，更不知道村子之外即将发生的变革。

注释：

①1978 年 12 月党的十一届三中全会的精神，在 1979 年传到了河南农村。

1980 · 改革共振：花生已非奢侈品

花生本是平常物，但也曾有辉煌时。我 1971 年出生于河南农村，童年时有着下河抓鱼、上树捉鸟的美好记忆。在那个时代，想方设法找点好吃的是孩子的本能。我最盼的就是过节，因为过节有肉、有糖、有花生。

花生本是农产品，那个时代却登上了大雅之堂。原因只有一个——稀缺。花生太少了，稀缺使它成了奢侈品。孩子们最盼望有客人来，可以陪着客人吃花生，一饱口舌之欲。客人走了，父母就把花生收起来，孩子们便期盼着下一批客人的到来。正如这个节日过了，孩子们开始期盼下一个节日。

1980 年的秋天，田野里充满着孩子们爽朗的笑声。农活是辛苦的，孩子们为何欢天喜地？原因只有一个——可以放开肚皮吃花生了。因为花生多了，便可以尽情地吃了。花生脱下了奢侈品的华丽外衣，来到了普通百姓身边。

花生为什么由少变多了？这是因为土地的合约变了——农村实行家庭联产承包责任制，家家户户分到田地了。

农村的土地是集体所有制，这一制度多年来没有变过。土地所有权的变化是重大事件，往往伴随着革命或战争。在土地所有的资本联系和交易受到约束的情况下，所有权不变，可变的就只能是使用权了。在所有权不变的条件下，可以有多种合约。至于哪种合约是有效率的，那就得看实践了，毕竟实践是检验真理的唯一标准。

此前，村民们一起生产，集体劳动，集体分配，集体决策"种什么"。现实是出工不出力，产量低了，分配到个人的少了，大家都吃不饱了。集体决策不种花生，花生就少了；即使决定种花生，花生产量也不可能高。

此后，各家各户，自由决策，只要不违法，想种什么就种什么，想种多少就种多少（只要不超过自家土地面积），除去缴公粮的部分（相当于农业税），剩下都是自家的，丰歉自负，风险自担。注意，"缴"意味着硬性约束，不缴可不行。

前文说到人对"激励"是有反应的，这一真理亘古不变。合约的变化，激发了人们的积极性，释放了巨大的产能，土地的产出爆发式增长，影响巨大。家庭联产承包责任制在一定程度上解决了吃饭问题，由"吃不饱"迈向"吃得饱"，便是一个巨大的贡献。至于如何由"吃得饱"迈向"吃得好"，这是后话。更重要的是，这一合约变化与"放权让利"政策产生了共振效应，使我们的经济发展翻开了新的一页。

此前，国有企业生产什么、生产多少、怎样生产、为谁生产，这一系列问题，均由上级政府管理部门计划决策，国有企业没有决策权；国有企业利润上缴、如何分配，也由管理部门说了算。挣多挣少，分多分少，与企业关系不大。

此后，国有企业在完成计划任务后，有权决定自主生产一些产品，生产什么、生产多少、怎样生产，企业自己说了算。或者说，计划外的事儿，企业说了算，此为"放权"。至于为谁生产，当然是为市场生产。所赚得的利润，除了计划上缴的部分，企业可以留利，可以发奖金，此为"让利"。有了政策红利，企业怎么办呢？

生产什么？要看此时市场需要什么。人们想吃得好一些，想穿得好一些，这不算消费升级，而是消费的平面扩张，因为消费领域历史欠账太多了，平面扩张是弥补历史欠账。总之，市场需要基于消费需求的轻工业产品。

怎么生产？要有原料。女孩们想要买漂亮的衣服，就要用到棉花、丝绸等原料。农村的家庭联产承包责任制，给了农户决策自主权，农户可以自由地种棉花、养蚕。

这样，农村的合约变化和国有企业的合约变化产生了共振。这两个合约变化，缺一不可。缺了农村的合约变化，原料可能不足；缺了国有企业的合约变化，让人民吃得好、穿得好的产品就生产不出来。正是国有企业的这一示范作用，催生了乡镇企业，启动了增量改革。

正是这一共振，开启了市场化进程。

1980年8月的一天，收音机里播放了一条新闻：第五届全国人大常委会第十五次会议决定在广东省的深圳、珠海、汕头和福建省的厦门设置经济特区。经济特区是什么？这四个城市在什么地方？我心中充满了疑惑。

1981 · 要素流动：市场带走年轻人

1981年春节过后，村里的年轻人突然少了。因为大部分人都到平顶山、焦作等城市的煤矿去了，还有人去了更远的地方。童年时期带着我玩的几位堂兄，也都陆陆续续地走出村庄。走之前，我看到他们都很高兴，似乎有些激动，充满着期待，有种春风拂面的感觉。

听爷爷讲，外地有很多工厂需要工人，村里的年轻人都出去干活了。因为给工厂干活，可以挣额外的钱回来。土地虽然分到各家各户，但每户人口都不少，各家的土地并不需要这么多人耕种。尤其是农作物有特定的生产周期，农闲时，很多人都无所事事。

家庭联产承包责任制，解放了村民，赋予了村民劳动力资源的自由配置权。年轻人可以走出村庄，寻求自己的世界了。土地变现了，农业经营有了收入；人们开始谋求劳务收入了，劳动力变现了，村民的收入自然多了。

后来，有位堂兄外出归来，见到我，说是出去打工了。这是我人生第一次听说"打工"这个词。

我问："打工是什么意思？"

堂兄说："我为别人干活，别人给我钱。"

我又问："为什么叫打工啊？"

堂兄答："我也不清楚，都是听别人说的，广东那边都这样说，可能是从香港传过来的。听说，打，就是干、进行；工，就是工作、具体的活。打工，就是干活、工作。"

我人生第一次听说"广东""香港"这两个地方，但随后隐隐约约想起在收音机里，似乎也听说过它们。

我接着问："广东在哪儿，香港在哪儿?"

堂兄说："在南边，最南边，两个地方紧挨着，香港我们去不了。听说，在广东挣钱多，我认识的人，有好几个都到广东了，我可能也会到广东看看。"

我问："为什么广东可以挣很多钱?"

堂兄说："听说北京开了会，让广东先干，先闯一闯。广东机会多，我要去看看。"

从此，广东像一块圣地，在我心中扎下了根，它在我的认知里，成了一个充满希望的地方。后来，我还专门翻阅地理书中的地图，看看广东在什么地方，而当时，学校和村里甚至还没有地图。也许这冥冥之中注定了我未来会到广东工作。

市场，这只看不见的手，真是厉害!

一旦人们有了自由选择的能力，市场信息的传递就是飞速的，即使只是口口相传，没有电视，没有电话，没有手机，没有网络，但消息仍不胫而走。

率先改革开放的广东，招商引资，工厂遍地开花，需要大量产业工人。这些信息很快全国人民都知道了，即使是在偏僻的农村。

广东需要人，而村里有富余的人，于是市场很快就把二者联结起来。供给和需求快速相连，这就是市场效率。市场突破地域限制，把人类合作的效率大大提高了。

有些事情，只要裂开一条缝，便如滔滔江水奔涌向前，市场便是如此。世上没有太多复杂的经济学逻辑，只有朴素的经济学道理。

市场的厉害之处在于，通过信息激励，让人心动，从而做出选择。人对激励是有反应的，哪怕这激励远在天边，人们也会勇往直前。

广东的点带动了全国的面。

我在河南农村感受到广东的活力，不仅仅是思想上的，更是实践上的！村民有了自由选择权，年轻人春节后汹涌而出，又在春节前潮水般归来。春节回家，成了村里年轻人一年之中最大的仪式，也是一场最隆重的信息发布会。

我们这些小学生，也盼望着外出的年轻人归来，讲一讲外面的世界。有一年春节，村里发生了一件大事情，一件破天荒的事情。有位堂兄外出归来，带回了一位漂亮的未婚妻，头发有点卷，着装和村里的女孩子明显不同。她是一道别样的风景线，村里的女孩子都争相围观或偷偷看这位"外星来客"，当然，男孩子们也都跑去开开眼界。

此前，村里年轻人的婚姻都是由媒人和父母商定，男生和女生相亲见面后，相互满意，双方父母就可以商议订婚了。听母亲说，我刚上初中，就有人给我介绍对象，但被母亲拒绝了。堂兄带回未婚妻，使村里很多人知道了"自由恋爱"这个词。人与人的自由联合，大大突破了地域限制。看来，劳动力流动起来，自由选择的范围也随之扩大了。

可见，市场的核心是自由。自由是你的，自由选择的结果也是你的。1981 年，村里的年轻人，真正体会到了自由的红利！

1982 ·区域流通：海鱼来到黄土高坡

1981 年秋天，我上小学三年级。农忙季节，父亲从甘肃工厂休假回乡，帮助收割庄稼，播种冬小麦。父亲于 1966 年响应"三线建设"的号召，到甘肃一家初建的工厂奉献青春。

我小时候因体弱，连续几个夏天都在生疟疾。疟疾，村里人叫"打摆子"，每天周期性发烧发冷，一般是每天午后发烧，烈日炎炎，我却浑身发冷。这可能与夏天游泳时在池塘里感染了病菌有关。发烧后一两个小时，又恢复正常。每天定时发作，持续十几天。

母亲就和父亲商量，听说只要换一换地方，换一换水土，就不会生这种病了，病菌就没有持续生长的环境了。他们商量后决定，等父亲休假结束便带我到甘肃去。实践证明，这一决定是极其正确的。我自从到了甘肃，就再也没有生过疟疾，病彻底好了！

挥别河南平原地带，经过几天的汽车与火车颠簸，我到了黄土高原上的甘肃工厂。

到了甘肃，首先要解决的是上学问题。因为没有城市户口，我只能暂时借读在工厂小学，由父亲多交一些学费。我那时第一次感受到农村户口和城市户口的差异，两种户口的含金量不一样，福利也不一样。

好在同学们都非常好，尽管我肤色黝黑，衣着过分简朴，同学们仍主动照顾我，教我如何去厕所、如何打扫卫生、如何做课间操和眼保健操。这里的很多事情，都是以前在农村时没有经历过的。

当时，最大的问题是我有很多课程落下了，赶不上进程，也因此闹了很多笑话。比如，有一次数学考试，问一天等于多少小时，我写的是 12 个小时。我竟然不知道一天有 24 个小时。因为我在农村接受的教育是：一个白天是 12 个小时，一个夜晚是 12 个小时。而不知道一天就是一个白天加一个夜晚。以后，那些落下的课程，通过自学与父亲耐心的辅导，慢慢补回来了。等到期末考试时，我语文竟考了 80 多分，数学考了 90 多分，还算不错。

春节后的第二学期，我的成绩有了快速的提升。尤其是数学，几乎次次考试都是满分。我所在的三年级五班，如果只有一个一百分，那大部分时候便是我。成绩上去了，老师和同学们对我的关注就不同了。人生第一次感受到才华的重要性及对一个人的地位的影响。多年后，大学睡在我上铺的兄弟给我的毕业留言"是金子，总会发光的"，我对这句话有着切身的体会。

1982 年的春节，在黄土高原的山区工厂，我见到了一样从来没有见过的东西——它像鱼一样，但又长又白，被冰冻着。父亲告诉我，这叫带鱼，是从南方海边运过来的。春节到了，厂里要给职工发些福利好过年。除带鱼外，发的东西还有橘子，这也是从南方运过来的。因我没见过橘子，所以闹了一个笑话——我不知道橘子是剥皮吃的，于是直接啃着吃了。另外，福利还包括大米（从外地运过来）、苹果、食用油。

父亲说，这次过年发的东西比较多，厂里的日子比以前好过多了。我到父亲的单位，看到叔叔阿姨领着孩子们如沐春风般地搬运年货，他们开心极了。社会主义福利体制的优越性进一步增强了。这在农村是想象不到的。那时城里的人们——国有企业的职工们，简直称得上意气风发。

后来上大学学了经济学，回忆往事，发现 20 世纪 80 年代初期，国有企业的改革政策是放权让利，不动所有权，放一部分经营权，让一部分分配权，企业有了一定的自由选择权。这一政策的效果之一就是，南方海边的带鱼进了黄土高原的山区工厂。要知道当时的北方，冬天主要是靠大白菜、土豆、萝卜过冬的，带鱼那是相当稀罕！

这是怎么实现的呢？企业有了一些可支配的资金，首先想到的是改善职工的生活，因为此前职工的生活清苦，谋求温饱是第一目标。

在此之前，是有需要，但没有钱；没有支付能力，便无法形成需求。现在有钱了，需求自然而然出现了。有钱了，怎么改善职工生活呢？解决温饱，还是要从食物入手，尤其是食物多样性。这不是消费升级，而是消费平面扩张。

当时的国有企业，都有采购员或者供销员。他们在外边跑，回来向厂领导反映，外地都有什么东西可以买。

南方的带鱼，此时交易数量和价格也逐步放开了，不太受配额制影响了，于是有了供给意愿，也有了供给能力。山区的需求就和海边的供给相遇了，哪怕相隔千山万水，带鱼也能成功走进山区。无论是在河南农村，还是在甘肃山区，我都感受到了南方海边市场的活力！再加上从来没有见过海，心中不免有些向往。

我第一次感受到了国有企业改革的红利。改革开了一条缝，气象完全不同了，人们的精气神也完全不同了！市场这只看不见的手，使我度过了一个别样的春节。

1982 年元宵节过后，我从工厂广播里听到，中共中央、国务院发出《关于进一步做好计划生育工作的指示》，要求实行和提倡一对夫妇只生育一个孩子，大力提倡晚婚晚育。懵懵懂懂的我，不知道这意味着什么，但 1982 年的春节，我永远记得！

1983 · 农村工业：磨面坊的竞争

1982年秋收期间，父亲休假带我回到河南老家，我于是回到行政村小学就读。父亲总在秋收时节而不是春节期间回家，是因为这几年实行家庭联产承包责任制后，秋收太忙了，要收红薯、玉米、黄豆、棉花、花生，耕地、施肥、播种冬小麦，而仍留在农村的人手不足。尤其是在年轻人几乎都外出的情况下，家家户户都很忙，很难请到人帮忙。父亲不在家的时候，有时候实在太忙，就请邻村的舅舅来帮忙，这是基于亲情的互助。此时，帮工市场尚未形成，但已经有了雏形。

村里有户相对富裕的人家买了一辆拖拉机，开始机械化耕地。与此同时，这辆拖拉机以收费的形式开始为各家各户服务了。拖拉机是比较昂贵的产品，一般人家买不起，暂时无法形成竞争。所以在村里，这辆拖拉机就形成了垄断。好在村民之间很熟悉，即使垄断也不敢乱涨价，这是经济逻辑与宗法的博弈。

丰收的季节是忙活的季节，也是村民喜悦的季节。村民为自己忙活，年年丰收，那是发自内心的喜悦！

老家那儿，主要农作物有小麦、玉米、黄豆，这些东西需要磨成面粉，才能变成馒头、面条等摆上餐桌。转圈推石磨，即磨面粉，这活我是干过的。有时候，人们会找一头驴，将其眼睛蒙上，赶着转圈磨面粉。总之，磨面粉是需要力气的，是最原始的农业加工活动。

随着年轻人的外出，有力气推磨的人少了。更为重要的是，村民开始通过种植经济作物（烟草、棉花等）来提高收入。人们开始思考，有没有更为方便的磨面粉方式。

1983 年，村里通电了。此前家里照明是靠煤油灯，过年的时候，则是点些蜡烛。通电是一件很神奇的事情，尤其是对老人们而言。

有一个外出归来的年轻人，买了一台电动磨面粉机，在村南头找了一间房将其装好，接上电线，就开始加工面粉了，加工费是一斤面粉收几厘钱。加工效率如此之高，让习惯推磨的人们竞折腰。这个年轻人堪称企业家，一位村里内生的企业家，企业家精神就是创新——把磨面粉的新方式带进村里来。

于是，村里很多人家都来加工面粉，邻村甚至更远村庄的人，也来加工面粉。加工费带来的收入是很可观的，这可以说是乡镇企业的雏形，也算是农村加工业发展的雏形。

加工面粉，可以带来收入，的确让人心动。企业家的示范效应很有用。与拖拉机的昂贵不同，磨面机虽然也贵，但有些人家单独出资购买，或者通过亲友集资也能买得起。

很快，磨面坊多了起来，在村南头就有四家，呈现出企业集聚形态，因为村南头交通便利。这便是村里最早的、最原始的创业形式。

西奥多·舒尔茨的《改造传统农业》一书中说，农民是理性的。这是对的，其实每个人都是理性的，每一个人都是自己的企业家。

磨面坊多了，一种自发的、完全基于个体理性的市场竞争便开始了。开磨坊的几户人家，有着直接或者间接的亲戚关系，或者邻里关系。但此刻，市场竞争已经超越了亲友之情。资本的逻辑滚滚向前，温情的面纱步步后退。竞争出效率，每一家磨面坊都在尽力服务好自己的客户。有些磨面坊，则开始扩大生产规模，购买了第二台磨面机。

虽然没有商议，几家磨坊的价格却是一样的。谁也不敢降价，因为降价，大家都亏损；谁也不敢涨价，因为涨价，会立刻失去所有客户，只能倒闭。这也算是一种市场均衡。

竞争的关键，就是加工过程少浪费，缩短顾客等待时间。为客户提供更好的产品和服务，无论何时何地，这都是市场的核心要义。

其实，威胁磨面坊生存的还不是市场竞争，因为市场容量足够大，邻村很多人都会来加工面粉，尤其是尚未通电的村子。最大的威胁，在于情面。有家磨面坊，女主人的娘家人来磨面，还带了邻居几家人来，加工完，碍于情面不收费，还要好吃好喝招待着。磨面可是一件日常的事情，七大姑、八大姨都来免费磨面，这样下去，磨面坊的成本就要大幅度增加，甚至亏损。这位女主人，回到娘家，如何处理不得而知，但之后，此类免费事情就少了。天下没有免费的午餐，如果免费，那肯定是交叉补贴了，最终一定会有人为此付费。

市场的逻辑、资本的逻辑，开始与习俗的逻辑、亲情的逻辑进行博弈了。1983年，河南农村磨面坊的竞争，可以说是农村工业化的起点。

1984 ·产品下乡：新奇的喇叭裤

1984 年对我来说，是极其重要的一年，因为我要从小学升到初中了。7 月份，小学升初中的考试如期在乡镇中学举行。那天，我们起了大早，走了十几里的路才抵达考场。这是全县统一命题考试，我依稀记得，考题挺难，特别是数学那道求阴影面积的试题；语文的作文题目是"一件小事"，不难写，但很难写出彩。

考后就是漫长的等待，那时没有电话，很多事情只能口口相传。直到 8 月份某一天，我在田里忙活，哥哥跑过来告诉我，学校的老师叫他转告我，我被录取了。我们小学那个班，有四五十位同学，只有三位同学考上了初中。小学升初中的筛选机制极其严格，录取率不到 10%。

当时还没有施行义务教育，上不了初中的同学就得回家务农，或者复读一年再考，或者随兄长们外出打工。当时，考上或者考不上，家长和学生的心理负担并不太大。

开学报到，我被分到初一（2）班。由于初中我住校了，便要上晚自习，即晚饭后 2 个小时自习，写作业、复习、预习。

当时，学校还没有通电，有可能是电费太贵用不起，晚自习要自备煤油灯。煤油灯是轻工业品，底座玻璃油壶，花一角钱可以灌满。灯芯吸油，火柴点燃，光明即现。上面的灯罩极其神奇，具有放大光亮的效果，如果没有灯罩，那光亮度就大打折扣。透明的灯罩是关键，但它易碎，如果放不稳，一碰就可能掉下来。

我和同桌共用一灯，轮流买灯油，一起呵护灯罩。这比村里的煤油灯先进多了。村里的煤油灯，就是在一个瓶子或者小碗里放上自制的棉灯芯即可使用，但光线比较昏暗。

这灯罩带来的亮光对我们来说已是奢侈之光。这是用现金换来的，是一件高档的消费品，一件先进的工业品，比几年前学长使用的传统煤油灯好太多了。尽管不知道这盏灯产自何方，但我们在消费着它，这是市场的力量。

入学之后，有几件事情令人记忆深刻。开学两个月后，班干部、班委会的选举活动正式开始，方式为无记名投票，现场唱票计票。计票人是来自镇上的一位同学，算是"地头蛇"吧。唱票结束后，计票人竟然在一位候选人（计票人的朋友）名字后面写下两个"正"字，因这凭空增加的十票，这位候选人顺利当选。令人惊愕的是，班主任没有说话，全班同学也没有一个人反对，结果就正式公布了。光天化日之下选举作弊的结果，竟然得到了承认。后来我才知道，这是宗法的力量，外地来的班主任也不得不屈服，只能装糊涂。

过了不久，有位男同学周末从家中归来，从头到脚，着装光鲜。那时，非春节期间穿着光鲜的服装是很少见的。听说这位同学的父亲在外地经商，从南方回乡探亲，为他购买了很多东西。有一天，他穿了条喇叭裤。这太新奇了！但没穿多久就被校长制止了，他只好回宿舍换掉了。来自南方的新鲜气息，似乎在吹拂着每一个角落。

货币的力量很厉害。之后，这位同学周围明显多了些伙伴，包括一些原聚集在计票人周围的同学，也悄悄地向这位服装光鲜的同学靠拢，有一些前呼后拥的意味。

灯罩之光以及鲜亮的服装，都是货币的力量。而班委选举作弊，靠的是宗法的力量。市场力量，宗法力量，谁能主导经济社会运行？

博弈正在继续。

当时，冬天的农村是无法洗澡的。到了乡镇中学，我发现在学校附近新开了一家私营澡堂，花两角钱可以洗一次。我和同学就结伴去洗了一次澡。这可以说是一次奢侈性消费，仅此一次。澡堂算是乡镇的第三产业——生活性服务业，另外还有杂货店、烧饼店、小吃店等。烧饼，一角钱一个；油条，一角钱一根。但这些对我们来说，还都是奢侈品。

澡堂的经营者可以算是一名企业家，他发现了市场机会。年轻的学生喜欢新鲜事物，少数富裕的学生，冬天也可能来多次，于是就把自家一间闲置的房子改成澡堂，家人只需烧开水，保持澡堂水温即可。冬天，闲着也是闲着，澡堂成本几乎等于零。闲置的房子，能够带来现金流，这也就是资源资本化了。

期中考试后，学生在学校的大操场上集体看了一次电视，那是一台黑白电视机，靠学校里的柴油发电机供电。这是很多同学第一次知道电视，第一次看电视。依稀记得，看的是当年奥运会女排比赛的重播，还有国庆时天安门游行"小平您好"的画面。同学们很惊奇地看着、想着，想着那千里之外的天安门和万里之外的比赛。此前只能听学校广播和收音机的我们，在神奇的电视中看到了广阔的世界。这次看电视，似乎使我们的全球化意识得到启蒙。后来地理课上，大家都很投入，很多同学都听得如痴如醉。

从行政村小学到乡镇中学，这一实际空间上的巨大跳跃，也带来了心灵空间的巨大跳跃。1984 年，工业文明的灯已经亮了——至少在很多人心里。1984 年，市场的春风到处吹拂，每一个人都能感受到这股和煦的春风。

1985 · 工业文明：相亲借只电子表

1985 年秋天，父亲秋收休假回家，给我带了一件礼物———只电子手表。这只手表，是父亲的同事在广东出差时帮忙带回来的。父亲每次回家，都会带些东西，尤其是糖果，分给村里的孩子们。他的归来，是一件令孩子们兴奋的事儿。

当时，从外面归来的人，是村民了解外面世界的重要途径。外面的世界是很多村民心向往之的。人来人往，心活了，社会就活了。

手表是奢侈品，此前我们见过的都是机械表。父亲每次回老家，他手腕上的机械表总能引起人们的关注，尽管在他的工作单位，这表是很平常的。为了认识机械表上的时间刻度，数学老师还专门借了校长的手表教我们，因为他还没有手表。

电子表是一个创新，可以称之为傻瓜手表。因为相比机械表，电子表一目了然，不需要数时针、分针，不需要数刻度。便利的新东西总是社会所需要的。电子表节约了看手表的时间，同时还很轻便。

新的东西是流动的，只要经过市场之手。新产品伴随着各种市场信息，来到人们身边。这只来自广东的电子表，经过市场交换，经过路途中的颠簸，戴在了我的手腕上。

这是我人生中第一件奢侈品，终生难忘！这只电子表极大地满足了我的虚荣心。我戴着它回到学校，总是有意无意地露出来。同学们很快发现了这一新奇之物，纷纷过来围观。

同学们问："这表从哪儿来的？"

我一脸自豪地说："俺爸从广东买的!"

这只表使我的地位大大提高，因为这只表背后丰富的内涵，使我显得有些与众不同，班主任对我的关注程度也有所不同了。货币的社会力量是不容忽视的。

广东就好像圣地一样，它成为同学们听收音机时格外关注的地方。听到什么关于广东的消息，大家再口口相传，很快就都知道了。

收音机，成了传播市场信息的基础设施。一个个体，如何从外界获得信息，直接影响了他对世界的理解和认识，影响着他未来的决策。

有一天，一个同学说，广州有一个旅店，叫"白天鹅"，像皇宫一样漂亮，特别干净，国家领导人到广州都住那儿，其他国家的人来了也都住在那儿，并且在那儿做生意。后来，我们才知道，那不叫旅店，叫宾馆。

后来，又一个同学讲，很多人都从广州拿东西回来卖，我们过年穿的新衣服都是广东产的。还说广东那边有很多工厂，村里几个年轻人到广东去打工了。想一想，这很有意思，河南农村的中学生，尽管谁都没有去过广东，却经常谈论着广东的事情。谁有广东的新消息，都会迫不及待地讲出来，似乎这是很值得炫耀的事儿。

再说我这只电子表，周末回家时被堂兄借走，戴着相亲去了。听说有几位堂兄都轮流戴过这只表。这只表似乎从父亲交到我手上时起，其功能不仅是计时，更多的是身份的象征。后来，表的电池没有电了，我曾拜托一个亲戚到县城去买电池，但后来就没有了消息。这种专用电池当时需求很少，县城估计没有商店销售。新产品的消费是需要配套服务的，产品的生命周期，有时候并不取决于产品本身。

　　后来听父亲说，厂里很多年轻人都戴这种电子表，方便、便宜，它变成了一件日常用品。到那时，手表已经脱下奢侈品的外衣，来到了普通年轻人的手腕上。

　　手表普及化的背后是产品设计的创新，生产工艺的创新，是成本的降低，是市场机会的新发现。这是企业家的贡献：从无到有，从少到多，从奢侈品到日用品。设计电子表的人是天才，而把电子表产业化的人，则是位天才的企业家。

　　但这只表在河南农村，还是一件奢侈品。同一件物品，不同的时间、不同的地点，具有不同的属性和功能，这是城乡差异，也是区域差异。

　　但无论何种差异，都阻挡不住市场信息的传递，阻挡不住新产品的流动。看来，市场中那只看不见的手一直无声地动作着。1985年，市场信息的和煦春风，通过各种渠道、各种方向，正吹遍祖国大地。

1986 ·国企红利：制服就是身份的象征

1986 年，是我家历史上极其重要的一年，因为我家户口"农转非"了——从农业户口转成非农业户口。这在当时称为"跳农门"，一旦跳跃成功，那就可以"吃城市饭"了，就可以享受城市优越的福利体制了，这些福利是农村户口居民无法享受的——这就是城市户口的"含金量"。

此时，我在工厂中学就读，户口是城市户口，是正式生；而1981 年刚到工厂小学就读时，户口还是农业户口，则是借读生。

当时，"跳农门"有两个途径：一是上大学，农村孩子考上大学就变成了城市户口；二就是"农转非"，随家人迁移到城市，这个指标是很难拿到的，政府控制得很严。

小时候，听说过神话故事"鲤鱼跳龙门"：黄河鲤鱼跳过龙门，就会变成龙，它就飞黄腾达了。农村人"跳农门"，犹如鲤鱼跳龙门。

父亲和我们家为了这个指标，整整等了 28 年。父亲 1958 年到河南省省内一家工厂工作，1966 年响应"三线建设"号召，来到甘肃工厂工作。直到 1986 年，厂里才批准了父亲的这个指标。当然，这不仅仅是我家的幸运，而是一群人的幸运。像父亲这种情况的职工，厂里绝大部分都批准了。

这要感谢国有企业改革：放权让利。放权让利，使父亲所在工厂的可支配资源增加了，部分车间的经营活了。多元化经营了，需要的人手就多了，"临时工"便出现了。"临时工"这个称谓，正是

20 世纪 80 年代中期出现的。

一些生产性服务业和生活性服务业的逐渐出现，使工厂可以容纳（或者养活）更多的人了。解决职工家庭的"农转非"问题，成为大众的呼声。工厂就顺势而为，最大限度地解决这一问题。

工厂有了钱，就开始建住房。多少年没有建房子了，职工们住得很憋屈，经常是狭小的空间里住着好几口人。工厂新建住房，实物分配，免费居住。分配是按照家庭人口规模、夫妻级别、工龄、年龄、学历等参数量化打分，高分者先得。

此外，工厂有钱去提高职工的福利了，如发日用品、米、油、水果等。听说，在南方的一些工厂，发的福利还包括家用电器，如风扇、电视、冰箱等。

放权让利，使单位福利大幅度增加了。

有一天，父亲穿了一身新衣服回家，一袭白色的类似中山装的上衣，领子很是周正，深蓝色的裤子，裤线甚是笔挺。父亲说，这是单位量身定做的工作制服。应该说，这身制服具有很好的穿着效果，父亲穿上显得年轻了许多、精神了许多。父亲说，只有正式职工有制服，临时工没有。

后来发现，相邻的其他工厂，也在做制服或者工作服。不仅是工厂，银行等单位也开始制作工作服。当时的工作制服是一种身份象征。有制服，外出就会穿上，即使是见客访友；有制服，表明单位好，福利待遇好，人就很自豪。不同单位的人，相见时，都会潜意识地比较一下制服。20 世纪 80 年代中期的工作制服，成为一道靓丽的风景线。

之后，有一个月的时间，父亲可以到工厂食堂吃饭了，而且是免费吃饭。父亲说，这是轮流的职工福利，根据工龄、级别等因素，轮流享受这一福利。当然，临时工是不可能享受这一福利的。

放权让利，工厂有了钱，大幅度提高职工福利，这既是弥补职工福利的历史欠账，也是消费升级使然。但这为未来无法很好地应对市场竞争，埋下了伏笔。

因为这些是分配性努力，未来的市场竞争需要更多的生产性努力，更多的技术改造，更多的设备升级，更多的技术人才投入。

这不是当时某个领导的错，任何人在领导位置上都会这样做的，因为改善职工福利也是必需的。

在当时市场短缺的环境下，产品供不应求，生产出来很快就销售出去了。此刻，企业享受的是市场容量红利，是生产力不足带来的市场红利。但很难有人想到，未来会是什么样子，沿海地区的发展会对内地的生产造成什么样的冲击。

人们看到的是福利的增加，是工厂的红红火火。只要有一个稳定的工作，不犯错误不犯法，日子就不用发愁，生活似乎充满了确定性。收入增加了，福利增加了，生活充满希望，这是一段国有企业（国营企业）激情燃烧的岁月，处处都能听到《在希望的田野上》这首歌。

吃饱了，甚至吃好了；穿暖了，甚至穿好了；福利也越来越多了。消费升级的下一个热点所蕴藏的能量，就要爆发了。1986 年，是一个消费升级的拐点之年。

1987·国企困惑：烟花绽放之后

1987 年的春节令人十分难忘，因为是这些年来我们全家真正意义上团聚的一个春节，还是全家一起在工厂里度过的第一个春节。更为难忘的是工厂里的人们一起欢度春节的场景，我第一次经历这么大、这么令人激动的场面。

春节前夕，工厂门口的广场以及与之连接的大桥，早已张灯结彩、霓虹闪烁。人们见面都在谈论所见到的别样画面，激动、兴奋、期盼，溢于言表。每个家庭都在除夕守夜，新春一刻到来，鞭炮齐鸣，像接力一样，几乎响到天亮。

真正的大戏，在春节的那天晚上八点揭开序幕，正式上演——在工厂门口广场的大桥旁，一场盛大的烟花表演即将开始。八点未到，广场上已经是人潮涌动，盛装的人们从四面八方而来，都集聚到这里，人挨人，人挤人，那场面相当壮观。

我穿了一身新的、经过改良的长领中山装，一双白底黑帮的高跟布鞋。当时，无论男生女生，都爱穿高跟布鞋。虽然工厂职工的收入提高了，但皮鞋还是奢侈品，人们还是买不起。

在广场上，我见到了老师、同学和朋友，还见到了很多不认识的人，无论认识与否，大家都互祝"过年好"。

在万众期待中，第一只烟花蹿上了天空，接着是第二只、第三只、第四只……随后竟有十几只一起蹿上夜空。烟花绽放出各种形状，有伞形、圆形、多维形，有的渐渐散去，有的骤然呈现，有交叉融合的，有动物形象的，还有景点轮廓的……夜空如同一张幕布，任烟花恣意挥洒，尽情放纵，夜幕已非"五彩缤纷""眼花缭乱"这些词语所能形容。每隔几分钟便有一批烟花蹿上天，这场烟花盛宴，持续了一个小时——一个小时的盛况，一个小时的惊叹，一个小时的聚焦。

人们惊讶、惊叹，难以言表。我相信，这是很多人第一次看到如此盛大的夜空美景。烟雾散去，人们还迟迟不愿离去，而是选择回味、畅谈烟花之魅！这魅惑登峰造极，但也仿佛预示着末日狂欢，因为烟花绽放如昙花一现，之后一切烟消云散。

国有企业，享受了改革的初步红利，有了可支配的资金，但是如何花钱成了一个问题——一个极其关键的问题。国有企业就是一个小社会、一个小政府，不仅有生产职能，更有社会职能和行政管理职能。国有企业的可支配资金，更多地投到了非生产领域，如烟花、带鱼、制服、住房。

当我们还沉浸在改革的红利中，谁能想到，全国各地尤其是南方的生产力正在茁壮成长，各地的生产力竞争已经悄然开始。一旦市场饱和，那竞争就是惨烈的。灿烂烟花的背后，是工厂产品在短缺的市场里一路前行。工厂的决策层正在享受着市场短缺的红利，而对未来的竞争可能仍一无所知，或者尚未深思。

没有经历过市场竞争和历练的人们，对一些事情是很难预判的。烟花到底花了多少钱？有人说几千元，有人说几万元，在当时无论对普通人还是对工厂而言，这都是一笔巨款。这笔支出，在带来一场狂欢之后，就烟消云散了，留下的是美好的回忆，而不是企业的生产力。

当满眼韶华的时候，我们很难想到狄更斯《双城记》中的那句："那是最美好的时代，那是最糟糕的时代；那是智慧的年头，那是愚昧的年头；那是信仰的时期，那是怀疑的时期；那是光明的季节，那是黑暗的季节；那是希望的春天，那是失望的冬天。"

烟花散去，元宵节已过，人们工作、生活依旧，一切似乎风平浪静。山区工厂的人们，只是从不同渠道了解到了南方市场的活力和冲动，但还没有意识到，这些活力和冲动，有一天将吹动甚至推翻自己的生活。表面上看，这一切还悄无声息，但实际上这只"灰犀牛"①已经迈开了脚步。

1987 年，工厂的烟花盛宴，春晚费翔的歌曲《冬天里的一把火》无不搅动着我们年轻的心，我们仍单纯地快乐着。

注释：

①米歇尔·渥克：《灰犀牛：如何应对大概率危机》，北京：中信出版社 2017 年版。类似以黑天鹅比喻小概率而又影响巨大的事件，该书以灰犀牛比喻大概率且影响巨大的潜在危机。相对于黑天鹅事件的难以预见性和偶发性，灰犀牛事件不是随机突发事件，而是在一系列警示信号和迹象之后出现的大概率事件。例如，2008 年美国房地产泡沫集中爆发以及在此之前的诸多泡沫破裂；飓风卡特里娜和桑迪以及其他自然灾害后的毁灭性余波，颠覆了传统媒体的现实数码技术；大桥坍塌和摇摇欲坠的城市基础设施；苏联的迅速衰败和中东地区的混乱。它们在事前均出现过明显的迹象。

1988·炫耀消费：冰箱才是主角

1988年，我经历了一场难忘的婚礼——一位亲友儿子的婚礼。那天清晨八时八分，新郎率领着迎亲队伍出发。出发的时间是有讲究的，取"发发"的谐音。此时，人们心中所想的是"发财"了，言语中也不用遮遮掩掩了，价值取向中的"利"愈发凸显了。

迎亲队伍，由一辆小轿车、一辆中巴和一辆卡车组成。新郎新娘及伴童坐轿车，亲友及伴郎伴娘坐中巴，卡车运嫁妆，分工有序。当时，这算是迎亲车队的标配了。条件差一些的，至少有一辆卡车；好一些的，可以多几辆轿车，一辆或者两辆中巴，一辆卡车。

迎亲车队的车辆多少是由新郎家的经济能力和社会关系所决定的，其中后者更重要。因为车辆是由亲朋好友张罗着借的，主要是各个单位的车，这就需要一定的社会关系。当时，还没有私家车的概念，也没有车租赁市场。

有熟人认识司机，提前讲好约定时间，到时候给上一条好烟或一瓶好酒即可，经济条件好一些的家庭，会包上一个红包。当时，司机是稀缺的，汽车也是稀缺的，熟人社会中虽然没有直接的市场交易，却已有了间接的市场定价。

如果不能借到一辆轿车，甚至卡车也借不到，那么新郎在新娘面前便无法交代了。之前那个一辆或者几辆自行车就能把新娘接到新房的时代一去不复返了。

在鞭炮声中，迎亲车队到了新娘家。伴郎伴娘"交锋"几个回合后，新娘终于上了轿车，而嫁妆则上卡车。其实，卡车上装的是彩电、冰箱、洗衣机等家电的空盒子，贴着大红"囍"字。这些家电已经提前在新房各就各位了。那么，为什么卡车里要装这些空盒子呢？因为它们具有信号显示意义，证明新娘家奉上了殷实的嫁妆，表明了新娘家的经济实力。

车队离开新娘家，开往新房。本来，新房距离新娘家并不太远，但车队不会直接开到新房，而是从新娘家出发，绕工厂一大圈才到新房，一路上鞭炮齐鸣。这迎亲车队，也具有信号显示意义，它们要昭告天下：新郎新娘结婚了。同时展示新郎家的经济实力、社会关系，以及新娘家的经济实力。

看来，结婚还真不是新郎新娘两个人的事情，而是两个家庭（甚至两个家族）及其社会关系的事情。有些儿女多的家庭，父母即使借钱，也要把婚礼办得很有排场——一定要有面子。这便是炫耀性消费了！

此时，国有企业放权让利，人们的预期收入是稳定且不断增长的；在社会主义福利体制逐步加强的情况下，住房、医疗、教育均为福利体制，预期没有什么大的支出，子女婚嫁则成了最大的支出。

车队到了新房，新郎新娘略作休整，就乘车去婚宴酒店，那儿才是正式的婚礼仪式现场。

新房布置得喜气洋洋。卧室里几乎所有的东西都是红的，或者贴着大红"囍"字，客厅里家具错落有致，比较显眼的就是冰箱了。冰箱放在客厅进门正对着的墙角，两边靠墙摆放沙发。沙发紧紧"团结"在冰箱周围。这是当时几乎所有家庭摆放冰箱的位置。当然，这样的摆放，不是为了方便家人使用，而是为了给客人看的。客人来了，坐在沙发上，也就紧紧"团结"在冰箱周围了，听着冰箱发出的声响。如果打开冰箱看看，里面可能空空如也，只有一两个土豆和水果。此时的冰箱，不仅仅是制冷、保鲜和存储，更主要的是成为主人炫耀性消费的象征。

洗衣机披红挂彩，放在电视柜旁，而不放在卫生间或者阳台。主要的电器集聚在客厅（也有可能是主卧兼客厅），尽管使用起来不方便，但电器很"团结"，主人心情很舒畅，客人看了都在言语上表示艳羡之意。

消费的示范效应真是强大！20 世纪 80 年代中后期的家电消费热潮，就这样起来了。但这一热潮的源头来自何处呢？人们吃饱穿暖之后，为什么很快就升级到了家电热潮呢？

这要感谢改革开放这一伟大的决策！1985 年前后，改革开放后第一批留学生——海归"上岸"了。当时海归"上岸"成功的标志，就是带回一套家用电器。哪怕在海外刷盘子再辛苦，也要带回电器。在亲友眼中，如果没有带回家用电器，那就白白去留学了。留学生担当了家用电器的消费示范者，成为消费升级的引领者，这是当年走出国门时所没有想到的。留学生开启的中国城市家庭消费升级，开始追赶全球化的步伐了。

国有企业经营自主权扩大，正在寻求新的产品增长点，这时人们对家用电器的需求出现了。冰箱、彩电、洗衣机的生产线雨后春笋般地出现，消费升级的需求和供给再一次相遇。

但客厅里集聚的炫耀性消费需求，很难追上不断上马的生产线供给，重复建设、生产过剩的时代已经拉开序幕，尽管人们尚未意识到。

1988 年，生活变得多姿多彩了！

第三章

市意铿锵（1989—1998）

市意朦胧：利益与理性

人是理性的。当人对各种经济变量反应敏感了，市场经济的微观基础也就具备了。20世纪80年代末期，隐藏在人们心中的"利"，逐步显性化了。

20世纪90年代，是改革激情澎湃的时期，许多改革措施都落地了。任何改革都是利益的分配，有人受益，自然也有人受损。改革，肯定是要付出成本的。

20世纪90年代初期，单位福利体制逐步解体，全包的福利体制渐渐消失，教育成本、医疗费用由家庭承担的部分在增加，之前免费居住的住房开始要收租金甚至要用货币购买了。

国有企业改革进入新阶段，现代企业制度迈上历史舞台。产权明晰，盘活国有存量资产，职工的就业岗位就有了变化。就业的不确定性、收入的不确定性，使人对经济变量更敏感了。

国企改革和福利体制解体产生了共振效应。未来收入充满着不确定性，未来支出充满着刚性，居民消费行为自然而然地从20世纪80年代的相对收入说模式，过渡到20世纪90年代的生命周期说模式。

如何挣钱成为消费者面临的最大问题，"利"的显性化正式登上舞台。鸡蛋不能放在一个篮子里，人们开始摸索收入多元化的路径。20世纪90年代，生产要素逐步进入市场，市场开始为各类生产要素定价。尽管20世纪90年代初期还有人争论"劳动力到底是不是商品"，但人们涌向挣钱多的沿海地区，已是无法逆转的趋势。随着20

世纪 80 年代国有企业承包制的式微，产权改革和股份制改革开始迈入社会各界的视野。股票市场的出现为人们推开了一扇窗，炒股、炒外汇，成为人们谋求财产性收入的抓手。知识的市场定价越来越高了，20 世纪 80 年代"脑体收入倒挂"现象消失了。什么是"脑体倒挂"？"脑体倒挂"指受过多年教育训练的脑力劳动者的收入低于缺乏文化知识的体力劳动者的收入。20 世纪 80 年代，曾经流行这样的说法：搞原子弹的，不如卖茶叶蛋的；拿手术刀的，不如拿剃头刀的；大学教授挣的钱，不如校门口卖早餐的。老师们曾经自嘲地给我们讲笑话说，戴校徽上公交车，小偷都不会偷他们，不是因为小偷尊重老师，而是因为知道老师太清贫了。这一现象，叫"脑体倒挂"[①]。

1992 年党的"十四大"提出建立社会主义市场经济体制，宣布"摸着石头过河"的阶段过去了，改革的目标变得清晰。各种要素开始流动，向市场定价高的地方流去。市场是一个才华折现的地方，让才华自由地折现是市场的职能。所谓才华，就是能够为社会提供更好的产品和服务的能力。各种生产要素在东南沿海地区齐聚，这为区域经济差距逐渐拉大埋下了伏笔。

市场经济，需要看不见的手与看得见的手相互结合。1993 年我国开始紧缩性宏观调控，1995 年供求格局由短缺变为相对过剩，二者共振使 1996 年中国经济成功"软着陆"。内需开始出现不足，进而买方市场出现，1997 年东南亚金融危机使外需下降，二者的共振效应导致中国 1998 年步入通货紧缩时代。

这是宏观调控的芳华岁月。供求格局的大转变，需要逆经济风向（逆经济周期）调控的宏观政策因时而动。但要对经济风向何时转变做出科学的判断实属不易。很可能一不小心就会犯"顺周期"

调控的错误。

　　20 世纪 90 年代，随着改革目标明晰，即建立社会主义市场经济体制，改革的顶层设计正式登上舞台。1993 年我国开始建立现代企业制度，1998 年开始国有企业三年脱困，开启了改革开放后第一次供给侧结构性改革。1994 年分税制改革，大大激发了各地区的生产性努力，各省份之间的竞争愈演愈烈；1994 年人民币汇率并轨，外商直接投资和出口快速增加；二者共振效应，促进了我国工业化起飞。1991 年开始探索住房体制改革，1998 年正式停止福利分房，实行住房货币化，开启了 21 世纪房地产市场的澎湃浪潮。

　　市场一旦开启，一切都随着理性选择，各自前行。

1989 · 资本力量：她爱出租车司机

1989 年，我正值高二下学期，那个年纪的我们充满青春的活力，打篮球、踢足球、爬山、野炊，一切活动都是自发的，都是同学们自发组织的。

有一天在操场上踢足球，我开了一个大脚，足球在空中划了一条漂亮的弧线，却偏离了目标，击碎了一间课室的窗户。这间课室是与中学相邻的技校（职业学校）的。一群技校生闻声跑了出来，气势汹汹地冲到操场，大战眼看就要爆发。

我的几位同学说："你走吧，我们来处理！"

20 世纪 80 年代中后期，打架是常见的，这可能是青年们挥霍荷尔蒙的一种方式。但奇怪的是，我从来没有参与过。我的同学、我的铁杆朋友从来不让我参与。每次都说："你走吧，我们来处理。"

但这一次不一样，因为祸是我闯的。虽然我听同学的话走了，但还是很担心。幸好这次没有打起架来，双方采取了和平谈判的方式。具体怎么谈判的，我不知道，但第二天，我看到这扇窗户的玻璃装上了。

后来听说，谈判的结果是我们这边的同学负责把玻璃装上。几位同学量好尺寸，回到家，找了玻璃和玻璃刀，切割好之后，便携带钉子和锤子去了学校，当天晚上就装好了。这些事情，不需要老师和家长出面，同学们自己就解决了。具有较强的动手能力是我们这代人的特征。

同学之情，义薄云天，让人自豪！这是 20 世纪 80 年代同学之谊的常态。那个时代，我们经常帮助同学搬家、刷墙、推货车等，这些经历非常值得珍惜！

当时，这种社会服务业的市场尚未发展起来，但偶尔听说广东已经出现了搬家公司。当同学之间的互助，同事之间的互助，成为社会服务业的主要形式。同学之谊却情深依旧。但另外一个感情市场，却在悄然发生变化。

有一天，我们听到了一个爆炸性的消息，一位同学的姐姐在外地一个发达城市上大学，毕业后留在当地工作，找了一位出租车司机做男朋友，正准备结婚。这消息如同在平静的水面投进巨石，激起层层涟漪。

很多人的第一反应，就像出租车英文"Taxi"的谐音"太可惜"！20世纪80年代，婚恋市场上比较受青睐的是军人和文艺青年。这位大学生姐姐的恋爱理念确确实实超前了。这一理念的背后，体现了资本在婚恋市场上的力量！

出租车是一个新生事物，出租车司机也是。出租车服务，是奢侈品。出租车司机，靠驾驶技术，靠专业技术能力进入市场，成为先富起来的阶层。出租车每天都有现金流，比起每月固定日子领工资，这状态是不可同日而语的。

早进入市场早受益，这是市场红利，也是技术红利。驾驶技术是稀缺的，市场就为之定了高价。

有时候，不得不承认，资产是男性的婚恋资本。这种资本正在渐渐取代健硕的体魄。后来，20世纪90年代中期，我听说，一位大学教授的女儿，也找了一位出租车司机进入婚姻殿堂。这是出租车司机的黄金十年啊！

女性青睐出租车司机，这是爱情的力量，也是市场的力量！市场是有情的，但市场也是无情的。20 世纪以来，当私家车雨后春笋般地涌现，汽车进入寻常百姓家，出租车司机就不再稀缺了。出租车已经褪去奢侈品的外衣，成为发达城市的代步工具，出租车司机的市场地位也随之发生变化了。"宁可坐在宝马里哭，也不愿坐在自行车上笑"的女生也不是少数了。

别和市场掰手腕，跟着市场走，每一个领域皆应如此。

我们相信爱情，但情感市场的目标函数随社会而变，情感与资本的结合，这是顺流而下。怎么养家？靠资本！资本是每一个人各方面才华的综合折现。情感和资本结合，人之常情。因为人总要面对生活的问题，资本能够实现美好生活，女性自然就心动了！

顺，则市场有情；逆，则市场无情。义利之间，逐渐要换位了。义仍在，利前行。每一个人的心，都在不停地波动。

1989 年，轰轰烈烈的爱情，滚滚向前的车轮以及义薄云天的同学之谊伴随着我前行。20 世纪 80 年代，这段激情燃烧的岁月，每一个人都能体会到，社会每一个角落也不断地在发生变化。

1990·福利之变：学费上涨之后

1990 年，是我的高考奋战之年，甘肃省正实行自命题预考制。经过 5 月中旬的预考，高三年级 160 多名同学，只有 80 多名能够参加全国统一高考。当时还没有课外补习市场，只有一些零星的补习班，因为学习成绩相对差一些的同学才会补习，成绩中等以上的同学，是不会补习的。经过 7 月 7 日至 9 日三天的高考奋战，我的高中时代结束了。

我们班最后只有 9 人考上了大学。这是经过两轮筛选后，不到 6% 的录取率，这一比例是残酷的。被筛选下来的同学，或者复读来年再考，或者找工作。上大学前我们并没有举行谢师宴，好像大家也没有这个意识。因为那个年代到餐厅聚餐是相当隆重的事情，是奢侈的。临行前，我去老师家话别，聊一聊未来，老师送给我一条毛巾。同学之间，送上一本笔记本，写上几句话，就算是临别赠言了。

筹备上大学事宜是家庭的一笔大支出。如购买用来练习英语听力的小型录音机和英语磁带；置办新衣服，还有脸盆、饭盒、水壶等日常用品；被褥由学校统一购买，但要交费。

更为重要的是，大学开始收学费了。1990 年以前的大学生是不用交学费的。当年的学费是每人每年 180 元，住宿费是每人每年 60 元，教材等费用大约 60 元，每学年与学校有关的费用总计 300 元。我每月生活费 75 元，在校 10 个月 750 元。加上交通费及零杂费，上学一年大约要花 1 500 元，这是一笔不小的家庭经济支出。

20 世纪 90 年代初期，学费开始上涨，1991 年为每年 350 元，1992 年为每年 500 元，1994 年为每年 700 元。住宿费也逐步上涨。学费的上涨，意味着教育的成本分担机制开始发挥作用。社会主义福利体制，从教育这儿裂开了一条缝。但谁能想到，这缝隙越裂越大。

20世纪90年代初期，第一代独生子女入学。独生子女在家庭中的稀缺性，决定了中国传统的家庭伦理秩序被颠覆，孩子成了家庭的中心。这一社会效应，是始料未及的。

随着第一代独生子女的入学，课外补习班越来越多，课外补习成为孩子们的常态，学习从校内延伸到校外。大学的筛选机制，进一步加剧了中小学课外补习市场的快速发展。1982年的独生子女政策，带来了20世纪90年代初期课外教育市场的繁荣，这是一个意外但符合经济学逻辑的结果。

到了21世纪，课外补习班愈演愈烈，多家课外补习公司都在国内外资本市场上市了。学习的竞争、智力的竞争，最后演变成资本的竞争。

课外补习，使家庭的货币成本、心理成本、时间成本都大幅度上升了。这种情况一旦形成，就很难逆转。孩子的抚养成本上升，人们生孩子的意愿就会降低。尽管2016年以后，国家正式实施全面二孩政策，可以生二胎了，但婴儿出生率并没有出现"井喷式"增长状况，这是必然的结果，2017年出生人口甚至比2016年还要少。而这一切都源于1990年的那条福利体制裂缝。

1990年的福利体制裂缝开启了一个新的进程，之后养老、医疗、住房等福利体制都开始出现裂缝了。养孩子和生活都越来越依靠自己和家庭，这是福利体制裂缝的必然结果。

1990年，我刚进入大学，就开始盼望着毕业。因为毕业就会有工作、有收入。家庭收入低是一个巨大的约束，我们做什么事情，都本能地想会不会给家庭增加经济负担。

　　我们迫切地想推动家庭收入预算约束线向右移动，想扩大家庭消费的组合空间和选择范围。用通俗的话说，就是想减轻家庭负担。在这时，从深圳传来的"时间就是金钱，效率就是生命"这句口号，让我们有了深刻的体会。

　　"天行健，君子以自强不息；地势坤，君子以厚德载物。"刚入学的大学生是充满激情的，虽然对未来的图景我们并不清晰，但是我们喜欢唱"胸襟百千丈，眼光万里长，誓奋发自强"来憧憬和展望未来。1990年入学不久，睡在我上铺的兄弟买了一本汪国真的诗集《年轻的潮》摆放在床头，我们争相传阅、朗诵。

　　马克思说得很对，经济基础决定上层建筑。上铺的兄弟家庭经济条件相对较好，买了许多书，不仅有诗集，还有经济类、历史类等方面的以及关于广东经济起飞的书，而我一定是这些书的读者。

　　上铺的兄弟后来成为跨国公司的税务专家和经济实践者，而我则成了一名经济学者，这可能是他买书的溢出效应，也是我们当时谁都没有想到的。感谢上铺的兄弟，他的书对我现在从事的职业，有着微妙的贡献。

　　《年轻的潮》真的潮起来了，诗的高峰到来了，诗朗诵的高峰也随之到来了！但这也意味着拐点出现了——文艺青年的时代结束了。汪国真成为诗歌繁荣的推动者，也成了文艺青年时代的终结者。我想，汪国真先生肯定不想这样的事情发生。但市场的逻辑，已经滚滚向前，人们的偏好已经开始变化，而这一切谁能逆转呢？

　　当《恋曲1990》响起的时候，当《亚洲雄风》响起的时候，无论是校园还是街市，谁还能想起《年轻的潮》呢？大学生的心，伴随着时代的脉搏，一起跳动着。1990年，一个激情之年，一个裂缝之年，一个拐点之年！

1991 · 体制裂缝：不再免费的福利房

1991 年春天，我大学第二学期在读，刚上大学时的澎湃激情已经渐渐消逝。我开始有些迷茫，有些彷徨，有些期待，想探究些什么……

我们开始学习政治经济学（社会主义部分）这门课程，实际上，这门课程并没有太多的框架体系和逻辑，更多的是关注现实经济问题以及现实问题背后的理论探讨。有些理论探讨，并没有定论，甚至争议很大。学习这门课程让我们逐渐了解了中国经济，虽然有些问题朦朦胧胧，但似乎又与日常生活息息相关了。

暑假回家，即将退休的父亲告诉我，听说将来退休金的发放方式要变了，不知道退休后能拿多少钱。工厂里即将退休的工人们都有些顾虑，听说我是学经济的，便问我各种相关问题。

之前，工人们没有考虑过这些问题，一切都是由国家和企业全包，年龄到了就退休，退休就领退休金，这是天经地义的事。而退休金有多少，则由工龄与行政级别、技术级别决定。

无忧无虑的工人们现在为什么忧虑呢？我了解了一下，原来 6 月 26 日国务院颁布了《关于企业职工养老保险制度改革的决定》，对养老保险筹资模式进行改革。此次改革是要改变养老保险完全由国家、企业包下来的办法，实行国家、企业、个人三方共同负担，职工个人按本人工资的 3% 缴纳养老保险费，并逐步建立起基本养老保险与企业补充养老保险和职工个人储蓄性养老保险相结合的制度。

这是什么意思呢？就是指未来退休职工的养老金，个人要负担一部分，在职时要提前交一部分。全包的单位福利主义养老体制裂开了一条缝，这条缝隙立刻改变了人们对未来的预期。尽管政策尚未实施，但老人们对自己的未来是很关心的，对政策自然也很敏感，这是可以理解的。在任何社会，民众需要的不是关心，而是切切实实的利益。工人们比大学生关心的问题更为实际、更为重要。然而关心更接地气的问题，也是大学生应有的使命！

我劝父亲，这政策刚刚出台，没有这么快实施，但企业改革这一步早晚都要走的，走着看吧，该怎么着就怎么着。父亲说，也只能这样啦。这种无奈，有一些沧桑，有一些无法言说的微妙之情。其实，我知道厂里的日子，已经没有 80 年代中期那么红红火火了。企业那一部分，钱从哪儿来呢？个人那一部分，钱从哪儿来呢？老人们的无奈，是无法阻止这一福利体制的裂缝扩大的。老人们还听说，可能老人老办法，新人新办法。于是，就有人提前退休了。

像父亲这个年龄的老人，都是年轻的时候响应"三线建设"号召到甘肃山区工厂工作的。这一号召快速推进了西部地区的工业文明。这批老人们经历过社会运动的喧嚣，经历过"放权让利"的国企红红火火的改革，快要到退休了，一直充满着确定性的生活突然要变得充满不确定性了，这的确让人有些惶恐。

1993 年，十四届三中全会提出城镇职工养老保险实行社会统筹和个人账户相结合的模式。1994 年，试点工作全面推开。1995 年，在试点基础上，国务院颁布《关于深化企业职工养老保险制度改革的通知》。1997 年，颁布《关于建立统一的企业职工基本养老保险制度的决定》，明确要在全国范围内建立统一的社会统筹与个人账户相结合的养老保险制度，其中社会统筹采用现收现付制，个人账户采用基金积累制。

　　该来的总会来，养老体制改革带来了又一条福利体制裂缝。

　　年末回家，父亲又说，听说房子要收租金了，或者可以花钱买下来。当时我家住着单位分配的一套房子，两房无厅。那时，北方的房子大多没有专门的客厅，主卧往往兼客厅，分房依据的是夫妻两人的资历和家庭成员规模。一直免费居住的房子要收租金，这在工人们中间引起巨大的争议。亲友们见到我，给我讲了很多关于租房、买房的传闻，还请我算一算，到底是租房划算还是买房划算。

　　我赶紧又了解了一下，原来1991年10月，第二次全国住房制度改革工作会议在北京举行。全国已有12个城市、13个城镇的全面配套房改方案出台，多个省市房改方案正在报批或完善之中。甘肃的房改方案，尚不得而知，但基本方向是明确的，住房要商品化了，不再免费，无论是租还是买。人们对政策是极其敏感的，于是人们又一次惶恐了。

　　这一次，房改政策实施得更快一些。1993年，工厂里的房子开始要交租金了。工人们虽然无奈，但最终只能接受这一事实。1994年，父亲花了4 000多元钱，把房子买了下来。4 000元在当时可是一笔巨款，父亲一年的工资都没有这么多。从免费到交租金，从使用权付费（租金）到所有权付费（购房），以实物分配为主的福利体制真的开始变化了。买房这件事，大家开始接受了，不管情愿还是不情愿。当时，大家买的多是单位的房子，商品房鲜见。

　　大家尚未意识到，一头庞大的"灰犀牛"，一个庞大的房地产市场，一个在10年之后扶摇直上的资产价格，正在一点一点地孕育着！1991年，我懵懵懂懂赶上的这两条福利体制裂缝，只是增加了我的困惑。这些事情，一个年轻的学生是很难想明白的。

　　但我看到人们更关心未来了，想事情、做事情的方式变了，花钱更加小心翼翼了。其实，是人们更关心未来的不确定性。是啊！未来收入可能充满着不确定性。未来的大宗支出是一定的，是刚性的。炫耀性消费行为的激情渐渐消退了，考虑整个生命周期的消费行为悄悄登上舞台。老人们心中充满惶恐。世界，真的不同了！

1992 ・市场经济：个体商业初试锋芒

熟悉了校园生活的大学生们，开始关心起国家大事、世界大事来。记得当年上政治经济学（资本主义部分）这门课时，了解到学术界有一个争论：劳动力是不是商品。现在的人们肯定想象不到还会有这样一个问题。老师介绍了争论的情况，引导我们思考，引导我们从不同角度看待这个问题。作为刚入学的大学生，以我们当时的学识，只能是个看客，对争论的逻辑不甚了了。

老师在介绍改革开放进程时，常说一句话：摸着石头过河就是边走边看，边干边探索。至于对岸在哪里，怎样走到对岸，似乎还不太明晰。老师似乎既讲不清楚，也不愿意涉及。计划和市场究竟是什么关系，如何判断当前经济社会姓"资"还是姓"社"，对此，老师心中，学生心中，皆是云雾缭绕。

1992 年，视察南方途中，邓小平同志说了一句很著名的话。当听说顺德珠江冰箱厂（现海信科龙）仅仅用了七八年时间，产量就翻了七番，年产值超过 10 亿元，每年出口 700 多万美元时，邓小平同志高兴地说："我们的国家一定要发展，不发展就会受人欺负，发展才是硬道理。"

发展才是硬道理，但怎么发展？小平同志说："计划多一点，还是市场多一点，不是社会主义与资本主义的本质区别。计划经济不等于社会主义，资本主义也有计划；市场经济不等于资本主义，社会主义也有市场。计划和市场都是经济手段。""计划和市场都是经济手段"这一说法结束了多年来姓"资"还是姓"社"的争议。这在当时，可是大是大非的问题。

"发展才是硬道理""计划和市场都是经济手段"，人们很快看清了"摸着石头过河"的彼岸——市场经济。

1992年秋天，十四大胜利召开，正式确立建立社会主义市场经济体制。看清了彼岸等于解放了老师，解放了学生，也解放了企业家，解放了寻求市场红利的人们。东方风来满眼春，和煦的春风吹散了许多人心中缭绕的云雾。

一时间，十亿人民九亿商。校园，街市，市场意识全面开花，一切要素都在急切地进入市场。这和20世纪80年代羞羞答答地进入市场的景象完全不同。

放假回家，我发现厂里的年轻人少了。父亲说，厂里经营情况不太好，没活干的年轻人很多到南方去了。

10年前的河南，村里的年轻人少了，现在，甘肃厂里的年轻人少了。大家都往东南飞了，无论是"孔雀"还是"麻雀"。大家似乎看到了市场红利，市场也在为进入者定价。谁的能力高，谁的定价就高；谁的能力稀缺，谁的定价就高！

大家突然发现，原来市场就是一个才华折现的地方。让才华自由地折现，是市场的职能。彼岸，就是市场定价高的地方。20世纪80年代，主要是商品在流动；90年代，知识、技术这些要素开始进入市场了。

这一年，大学生们在关心太平洋彼岸的事情：美国总统大选。1991年，因海湾战争而民意支持率超过90%的布什总统，1992年谋求连任却输给了年仅46岁的阿肯色州州长克林顿。这让人大跌眼镜，但又似乎是意料之中。当时，美国国内经济状况不好，外交的重大胜利并不能抓住选民的心。而克林顿的竞选口号，紧紧抓住了选民的心。那就是"笨蛋，问题在经济！"（It's the economy, stupid!）

　　的确，经济问题始终是大家最关心的。太平洋东岸最大的发达国家和太平洋西岸最大的发展中国家不约而同地都以经济建设为中心，迈开了新的脚步。美国的技术红利，中国的市场红利，开始在世界崭露头角。多年之后回想，这都是影响世界经济格局变迁的大事件。

　　1992 年，市场的春风吹拂着每一个角落，每个人心中都有了自己的彼岸。

　　下半年，我上大学三年级，校园里各类商业活动突然多了起来。其中代销电影票成为常态，多位同学在做这项业务。还有同学卖信封和稿纸，卖毛巾和袜子。还有同学到新华书店，带回各类书籍，进行代销。一时间，校园里到处都是摊点，尤其是食堂门口、宿舍楼门口，不出校门，几乎可以买到所有消费品。

　　代销，成为当时大学生经商的一种流行的形式。代销为什么流行？因为对商家来说，销售成本接近于零——大学生把货拿回去，在校园里销售，场地免费；宿舍存放商品，仓储免费；校园广告免费，目标客户稳定，风险小。对学生来说，如果卖不出去，货可退回，风险也小，学生可以承担。其实，代销是商品交易的初始形态。我小时候河南老家农村常有一两个商品代销点，很多以赊账的形式进行，因熟人社会信誉好，风险小。

　　21 世纪以来，大学校园网店盛行，这和当年的代销具有异曲同工之妙。不变的是商品交易，变化的是交易技术手段，互联网把流通成本进一步降低了。代销是最容易的，进入成本低，很容易形成近似完全竞争的市场，但利润较薄，薄利多销是占优策略。

　　通过不同地区的价差进行套利，是部分具有商业头脑的同学的选择。学经管的同学都知道一价定律：在没有运输费用和贸易壁垒的自由竞争市场上，一件相同商品在不同国家（地区）出售，如果以同一种货币计价，其价格应是相等的。在一国国内，没有汇率问题。同一商品，扣除运费，如果价格有差异，就可以套利。

于是南方的同学就把莲子背到兰州去卖，或到广州背一些电器回来在校园卖。

套利贸易，首先要进行市场搜寻，发现特定商品的价差，然后长途运输。虽然成本高，有风险，但赚得相对较多。记得小时候（改革开放初期），河南老家舅舅"跑长途"，就是这种贸易方式。当年温州人跑到全国各地经商，也多是利用价差套利。

学校里还有同学摆起了台球摊。这是有风险的，因为购买台球桌的投入高。这是当时服务业的新业态，打台球还是当时的新时尚，而大学生喜欢新时尚。记得在高中的时候，和卡拉 OK 一样，台球已经开始兴起来了。当时，台球纯属娱乐项目，虽然属于竞技性质，但是属于竞技性娱乐，能够一杆两球进洞（俗称"一蛋双黄"），是非常值得炫耀的。总体而言，台球具有奢侈品性质。后来出了个丁俊晖，大家才知道打台球是有特定的游戏规则的，并还有个专名——斯诺克。

从娱乐项目到竞技项目，职业化是市场的题中之义。现在看来，丁俊晖的父亲是极具市场意识的——在传统体制外走职业化之路。后来网球选手李娜的成功，也是选择了这一路径。

1993 年上半年，学生 8 号楼下，雨后春笋般出现了两排共十多家小炒摊位，类似现在的大排档，但当时只能称之为"小排档"，因为每个档口只炒 2~3 个品种的菜，学生自带餐具，买完回宿舍或自行找地方吃。

一时间，充分市场化的、自由竞争的小排档和学校的两个饭堂之间，形成了激烈的竞争。各家小排档总计 20 多个菜式，小锅炒菜，产品具有差异性和互补性；学校的两个饭堂，菜式相对稳定，大锅炒菜。天平很快发生了倾斜，受到严峻市场冲击的饭堂立刻做出了反应：卖饭师傅的态度好起来，菜式逐步丰富起来。

竞争出效率，这一真理无论何时何地，一旦适用条件具备，就会发挥作用。

在小排档中，印象最为深刻的就是两位老师合开的"九如餐馆"。这两位老师，一位讲授财务管理，一位讲授现代经济学，两人的理念一致，行动也具有一定魄力。老师合开饭馆作为市场经济活动的实践示范，使我们震撼。餐馆的名称在小排档中也独具一格，具有人文气息。学生们都很爱去老师的饭馆买饭菜。

楼下的小排档使我认识到货币的一种奇特形式：菜票货币。

在饭堂买菜，学生不使用现金，而是去膳食科用现金买回菜票，兑换率（汇率）是1∶1，菜票上注明了金额。当时的校园，菜票具有普遍可接受性，成了通行的交换媒介。到校园商店买日用品，同学之间借钱还钱，都可以用菜票。

在一个封闭的系统中，交换媒介很容易形成。小排档的营业收入也同样是现金和菜票两种形式。对商户而言，菜票如何变为现金成为一个问题。有商户打出广告：95元现金兑换100元菜票。同学们对兑换率是敏感的，1∶1的兑换率发生了变化，菜票贬值了，再后来，小排档都不愿意收菜票了。

可能是因为校园里的商业活动太多、太杂乱，学校开始整治，商业活动的管制风险出现。小排档被拆除，台球桌被清出校园，熙熙攘攘的校园又恢复了往日的平静。

校园商事，只是少年企业家的一次市场历练之旅，小荷才露尖尖角。

1993 · 要素市场：知识变成资本

1993 年的校园，在历经了红红火火的校园商事之后，学习与生活又渐渐趋于平静，市场活动已无处不在，已经不能使我们感到新奇了。但这一年的冬天，却发生了一件惊天动地的事情，至少对学校而言。这件事情，颇有些"大风起于青萍之末"的意味。

在我们居住的学生宿舍楼旁边，有一排平房，其中靠近宿舍楼最顶端的一间平房被人租来开了小餐馆。

在一个下雪天的中午，一位生物系的同学在这个餐馆买了份饭菜装入饭盒，带回宿舍。准备吃的时候，他发现肉片中有些许白色小米粒似的东西。于是他把肉片拿到实验室去化验检测。结果使人大吃一惊，白色小米粒是猪蛔虫的幼体。如果吃下，它将潜伏在人体中，后果可想而知。

"知识就是力量"，弗朗西斯·培根的这句话很对。"米猪肉事件"使整个校园愤怒了。当天下午，愤怒的同学们直接跑去把小餐馆砸了。小餐馆老板跑了，厨师也找不到了。

愤怒的情绪继续在校园弥漫。学生们猜想，校园南门外的餐饮一条街，会不会也有此类问题或者其他问题，于是群情激奋。晚上，上百人的队伍集结起来，准备冲出南门，冲向餐饮一条街。千钧一发之际，校领导紧急采取措施，把住所有校门。几位校领导跑到南门，站在铁栏杆的门口，劝说学生，任凭学生们推搡甚至抛杂物都坚守原地。其实，学生们的矛头并非指向校领导，而是指向不良经营者，这是化解矛盾的关键切入点。校领导的苦口婆心终于换来了学生的理解，学生渐渐散去，留下了一地鸡毛的校园。第二天，学校给每个学生发了几粒打蛔虫的药丸。

大学生，这些未来的中产阶级，他们的消费者主权意识正在觉醒。同时也喻示消费者主权时代正在到来，生产者主权时代正在后退。

这场愤怒就这样过去了。它让人联想起20世纪80年代知识分子的愤怒。20世纪80年代中期，流行两句话："造原子弹的不如卖茶叶蛋的"，"拿手术刀的不如拿剃头刀的"。这是知识分子在面对激情燃烧的市场经济下，无可奈何的抱怨。

早进入市场早受益。"剃头刀""茶叶蛋"早早进入市场，早早享受市场红利。然而，多数知识分子还有些顾虑投身市场的机会成本。这些无可奈何的抱怨，在1993年以后却渐渐烟消云散了。

市场的大门一旦打开，各行各业对知识的需求，急剧膨胀。有位老师到企业讲了一晚上股份制的课，挣了200元钱，这在当时可是一笔不菲的收入。知识要素进入市场才能开始在市场上折现。20世纪80年代知识分子的愤怒，在90年代变成了知识分子的畅快。

市场，为知识提供了折现的机会。知识渐渐超越普通的劳动力，获得了较高的市场定价。投身商海的人们，有些渐渐或者快速富裕起来，企业家的才能开始显现。基于企业家才能的财富精英，开始登上市场的舞台。

1993年，十四届三中全会提出建立"产权清晰，权责明确，政企分开，管理科学"的现代企业制度。这16个字在正式出台之前，已经掀起层层涟漪。1993年暑假前，我们到甘肃省某市一家棉纺厂实习了一个月，充分感受了"产权清晰"的含义。当时流行一句话——"盘活国有资产"。资产盘活了，职工生活却充满不确定性了。

轮休，下岗，工资不能及时、足额到位，这些情况都出现了。空气中弥漫着不安的氛围。

这些企业被市场冲击得有些凌乱了。南方的生产力，已经穿过千万里，冲击到了山区企业。产品落后，生产技术落后，这背后是关于生产和市场的知识落后。那个暑假，睡在我上铺的兄弟到深圳实习，在一个公司组装电脑，学习操作软件和硬件。开学之后，他给我们讲述实习见闻，讲述那个神奇的深圳，那个"时间就是金钱，效率就是生命"的地方。南方的生产和知识市场已经激情澎湃，北方的生产和知识市场依然徘徊，地区差异渐渐开始拉大。

早进入市场早受益，这对人和企业而言，都是一样的。在经济世界里，"敢教日月换新天"的是市场，无论是经济革命还是经济改革。知识和市场握手，就会化愤怒为激情，产生报酬递增效应。

体力劳动的手腕斗不过市场的大脑，尽管有时候前者可能暂时居于优势。重体力轻脑力的旧时代就这样溜走，市场已在路上。1993年，愤怒的知识分子不再愤怒。

其实，每一个人都要寻求市场化生存，只有这样，才不会愤怒。

1993年，电影《霸王别姬》很受欢迎。娱乐业是市场化的先行者，产品的市场化定价是必然的。电影《霸王别姬》受欢迎，需求便大，价格就高。大学生往往喜欢流行的东西，但货币支付能力不高，所以当时对我们大学生来说，电影《霸王别姬》是奢侈品，而不是生活必需品。

需求是有支付能力的需要。大学生想看，有需要；但钱不多，没有足够的支付能力，需要就不容易转化为需求。我的一位极具商业头脑的同学，就促成了这一转化。一般非节假日的上午，电影院的观众是很少的，大家都在上班或上学。但无论何时，电影院播放一个场次的成本是相对稳定的，而且很多是固定成本；即使不播放，固定成本每天都在产生。非节假日的上午，只要有收入便可，无论多少，电影院播放一个场次是可行的，商家也是极其愿意的。这位同学就到学校附近的一家电影院，和院方经理谈判，包下了周四上午 10 点的一个场次，一次性现金付款（当时也只能用现金付款），拿回来全部的票。至于谈判达成的价格是多少，这是商业秘密，不得而知，但我想可能不会太高。这是一次大胆的尝试，充满着市场风险：如果票卖不出去，或者卖出去不多，可能就亏了；如果大卖，就赚了。

价格至关重要，当票价是大学生支付得起的数字时，需要很快就转化为需求了。广告贴出去后，电影票热卖，供不应求。这位同学大赚了一笔。

我们常说，高风险，高收益。核心是如何把高风险降为低风险，进而转化为高收益，市场细分和定位极其重要。上午 10 点，大学几万名学生中肯定有一些人是没有课的；把价格定在大学生可以支付的水平，这样，有时间、有闲钱的大学生即"有闲阶级"就成了目标客户。需要转化为需求，高风险转化为低风险。市场的转化，真是神奇！

1993 年下半年，我被免试推荐攻读本校研究生。成为推免生，算是喜事一桩，是要请客的。经过在学校校园和家属楼区之间的餐饮街进行了一番搜寻，我们最终确定在一家火锅店——小木屋火锅聚餐。这条餐饮街，从我入学以来就存在，但我们很少来。随着"春天的故事"发生，餐饮街突然热闹起来，菜式丰富了，各类饮食文化开始在这里互相碰撞。大众创业形成的市场化供给丰富起来。众多餐饮小店的集聚，差异化的产品，既有竞争又有互补，产业集群的初始形态就这样形成了。21 世纪初，产业集群热在业界和学界兴起。实际上集聚是人类天然的选择，只要条件具备，有了适合的土壤，就会兴旺发达。

小木屋火锅是一对姊妹经营的。依稀记得，姐姐好像是学校附近一家工厂的员工，随着"春天的故事"而下海，可能是停薪留职。所谓停薪留职，是指企业有富余的固定职工，保留其工作身份，职工离开单位，从事政策上允许的个体经营。这一做法在 20 世纪 80 年代初就开始了①，而后又形成一股热潮。如王健林在 20 世纪 80 年代从部队转业，他曾任大连市西岗区人民政府办公室主任，根据这一政策，保留了处级干部身份，开始了第一个创业的"小目标"②，大连万达开始了征程。从 1999 年开始，越来越多的省份取消了停薪留职这一政策。2015 年，国务院印发《关于进一步做好新形势下就业创业工作的意见》，探索高校、科研院所等事业单位专业技术人员在职创业、离岗创业有关政策，允许科研人员保留职位 3 年离岗创业，这被称为停薪留职的"2.0 版"。30 年一个轮回，都是鼓励创业，但发展阶段、发展形势皆不同了。

小木屋火锅的创业就是社会主义市场经济的一朵小浪花，浪花汇聚成河、汇聚成海，就成就了市场的滚滚浪潮。我们到小木屋吃火锅，是创业者的第一批客户之一。姐妹两人很是细心，问我们的家乡风味和口味偏好，精心推荐菜式。了解消费者的偏好，是经营者的本能反应。这是供给和需求匹配的逻辑起点，是稀缺资源有效配置、满足多样化社会偏好的逻辑起点。姐妹两人没有学过经济学，但一旦创业，边干边学，便会无师自通。市场是最好的老师，货币作为选票，力量很是厉害。这是和谐社会的微观机制，用经济学术语，叫"激励相容"③：经营者提供优质产品和服务，获得收入；消费者消费优质产品和服务，提高效用；经营者通过使消费者效用提高而实现收入增加，实现"我为人人，人人为我"。

吃完火锅，离开之前，舍友们对菜品大加赞赏，姐妹两人甚是高兴，热烈欢迎我们常来，承诺若毕业聚餐要来，给我们打折扣。姐妹两人的市场定位是准确的，客户群是在校大学生，细分市场是即将毕业的学生。虽然没有学过博弈论，姐妹两人深知重复博弈的重要性，声誉至关重要，回头客至关重要。欺骗，往往是一次性博弈，没有报复的机会；重复性的动态博弈，存在报复的机会，有了硬约束，商家信誉就容易形成了，产品和服务的质量就提升了。

小木屋火锅的发展是快速的，在我们大学毕业后不久就扩大了规模，兼并旁边的两间店铺，扩大经营面积。后来听说，小木屋从平房变成了楼房，小木屋变成了大木屋。这是市场的力量，从无到有，是姐妹两人发现了市场机会并付诸实践，市场为姐妹两人的企业家才能给予了货币回报。从小到大，是资本增值的结果，是企业家才能的具体体现。在这条饮食一条街，在火锅市场上，小木屋火锅具有了一定的垄断地位——市场性垄断，不是行政性垄断[④]。

我已经多年没有回到大学那条餐饮街了，不知小木屋是否安好。我想，小木屋火锅面临的竞争是强大的。一家饭店能否成功，往往决定于厨师的厨艺，高水平的厨艺市场定价很高，因为这种生产要素可替代性不高。但火锅店不一样，其竞争力在于汤料的美味和菜式的丰富，而不在于厨师的厨艺。这样，火锅市场的进入壁垒就相对较低。竞争是市场的常态。无论小木屋火锅现在如何，作为一种市场活动，它在我们的记忆里，是一个鲜活的市场存在。

注释：

①1983 年 6 月 11 日，劳动人事部、国家经济委员会联合下发《关于企业职工要求"停薪留职"问题的通知》。《通知》规定：停薪留职的时间一般不超过 2 年；停薪留职期间，不升级，不享受各种津贴、补贴和劳保福利待遇；因病、残而基本丧失劳动能力的，可按退职办法处理；停薪留职人员在从事其他收入的工作时，原则上应按月向原单位缴纳劳动保险金，其数额不低于本人原工资的 20%；停薪留职期间计算工龄。

②2016 年，王健林在一个节目里展示了他的办公室和他的收藏王国，还有商业理想。在访谈环节，他教导年轻人说："要有自己的目标，比如想做首富是对的，这是奋斗的方向，但是最好先定一个小目标，比方说，先挣它一个亿，你看看能用几年挣到一个亿。你是规划五年还是三年。到了以后，下一个目标，再奔 10 亿，100 亿。"随后，"小目标"一说风靡网络。

③在市场经济中，每个理性经济人都会有自利的一面，其个人行为会按自利的规则行为行动。如果能有一种制度安排，使行为人追求个人利益的行为正好与集体价值最大化的目标相吻合，这一制度安排就是"激励相容"。现代经济学理论与实践表明，贯彻"激励相容"原则，能够有效地解决个人利益与集体利益之间的矛盾冲突，使行为人的行为方式、结果符合集体价值最大化的目标，让每个员工在为企业多做贡献过程中成就自己的事业，即个人价值与集体价值的两个目标函数实现一致化。

④行政性垄断是行政机关或其授权的组织运用行政权力限制竞争的行为。主要表现为地区行政性市场垄断、行政强制交易、行政部门干涉企业经营行为、行政性公司滥用优势行为等。

1994·消费理性：就怕没有钱

1994年1月11日，农历十一月三十日，星期二，再过一个月，春节就到了。春节放假前的一个月，往往都非常忙碌。在这时，北京中南海国务院，朱镕基同志办公室收到国务院研究室送来的一份报告，报告内容为：关于该室一位同志就汇率并轨问题向海外记者发表同国务院决定不一致的意见一事，已召开全体干部大会，对该同志进行了严肃批评，并要求大家从中吸取教训。

第二天，朱镕基同志看到这份报告，略加思索，提笔在报告上写下批语："发表不同意见不但允许而且我总是采取鼓励态度，并且经常表示欣赏。×××同志发表的这个意见在讨论决策过程中，也是我们反复研究过的。但是既经决策，就不要再发表了，特别是不能在公众场合，通过新闻媒介发表，吸取教训就是了。"①

朱镕基同志自1991年4月离开上海进入中南海担任国务院副总理以来，批阅了无数份报告，涉及经济社会发展的各个领域，批示语气或轻或重，指示或宏观或具体，有的放矢，重在解决问题。但这一次的批示，与以往有些不同。在如此繁忙的春节前期，某位同志在某个问题上的观点引起副总理的关注并做出批示，说明这是一件不寻常的事情。

不寻常的背后一定有不寻常的问题，那就是汇率并轨。朱镕基同志可能想起了1993年12月25日颁布的《国务院关于进一步改革外汇管理体制的通知》，从1994年1月1日起，实行汇率并轨。×××同志的不同观点，可能就与这份举世瞩目的文件有关。

　　这使人想起了 1993 年 11 月 14 日，中共十四届三中全会明确指出：改革外汇管理体制，建立以市场为基础的有管理的浮动汇率制度和统一规范的外汇市场。从三中全会到文件颁布，只花了 40 天的时间，高效迅速，表明了这件事情的重要性。

　　除此之外，还让人想起半年前，即 1993 年 7 月 12 日的那场外汇大战。1993 年以来，外汇调剂市场，人民币快速贬值，从年初 1 美元兑换人民币 7.4 元左右，到 6 月变成 10.9 元左右，个别地方甚至突破了 11 元。1993 年 6 月下旬，朱镕基同志开始考虑中央银行入市干预计划。7 月 11 日，国家外汇管理局 17 个分局的领导汇聚北京，大战一触即发。7 月 12 日，中央银行第一次入市干预外汇调剂市场，平抑汇价，抛了 6 000 多万美元购买人民币，把汇价稳定在 8.6 ~ 8.8 元。这一仗打得很是漂亮，很是成功。要知道，这是不得不打的一仗，也是必须成功的一仗！但这仗不能经常打，因为没有那么多"炮弹"。1993 年 7 月，朱镕基同志兼任中国人民银行行长的时候，外汇储备只有 180 亿美元。这仗如果打下去，只需要不到一年甚至可能只要半年时间，这些"炮弹"就消耗光了。

　　事实证明需要构筑汇率的钢铁长城了。从 7 月 12 日漂亮的一仗到第二年 1 月 12 日的批示，恰好半年时间，这可能是巧合，但也表明，汇率的事情实在是需要由新的游戏规则来解决了。央行第一战、三中全会决定、国务院文件、×××同志的不同意见、副总理的批示，所有这一切，都指向一件事情——汇率并轨。

　　汇率并轨是怎么一回事儿呢？这得从 1980 年说起。

　　改革开放初期，国门徐徐打开，无论是企业还是个人，要走出国门从境外买东西，都需要用外币。外币，那是要靠产品和服务交换获得的。当时，我们并没有太多的产品和服务去换境外"花花绿绿的纸"，所以，外币是极其稀缺的。

极其稀缺的东西，那就要靠看得见的手来配置。企业把东西卖到境外，出口收汇，挣得外汇，企业不能全部自己留着：无偿上缴政府一部分，有偿上缴政府一部分，企业留成一部分②。

企业有偿上缴部分是以某种汇率上缴政府，这个汇率就是官方汇率。此处"上缴"的"缴"，有特定含义，不缴是不行的。

一些企业留成了外汇，手里有了外币，但可能暂时用不着。另一些企业要用外汇，但又没有外币，想用人民币去买，可是去哪儿买呢？

需求和供给需要在某个地方相遇。1980 年 10 月以后，经中央有关部门批准，我国各主要城市陆续设立外汇调剂中心或者外汇交易所。企事业单位的留成外汇，可以在此进行调剂。后来，这个市场个人可以进入，外商投资企业也可以进入。

调剂汇率和官方汇率是有差异的。比如 1980 年，官方汇率 1 美元兑 1.50 元人民币；1981 年 1 月到 1984 年 12 月期间，调剂汇率 1 美元兑 2.80 元人民币，官方汇率 1 美元兑 1.50 元人民币。此时的调剂汇率，既有看不见的手，也有看得见的手在发挥作用。

随着企业出口增加，外汇留成增加，一些单位涉外事务增多，进而调剂购汇的需求增加，调剂外汇市场交易量越来越大，市场自由交易的呼声也越来越高。1988 年 3 月以后，调剂市场汇率放开，由买卖双方根据外汇供求情况议定。由此，市场汇率与官方汇率正式并存。

这样慢慢就出现一个现象：利用官方汇率交易的越来越少，利用市场汇率交易的越来越多。汇率并轨前夕，使用官方汇率的外汇收支行为仅占 20%，使用市场汇率的比重达到 80%。

虽然外汇留成部分交易市场化了，但出口企业还有一个紧箍咒：承担着创汇的指令性计划任务。指令性计划是必须完成的。有些企业为了完成出口创汇任务，不惜采取亏损出口的办法，不顾企业成本，不看长远利益，竞相压价，造成出口越多、企业亏损越大的局面。据说，某企业出口创汇 200 万美元，却造成了企业 120 万元人民币的外贸亏损。看来这个紧箍咒需要解下来。

1994 年 1 月 1 日，官方汇率 1∶5.80 与市场汇率 1∶8.70 并轨，实行以市场供求为基础的、单一的、有管理的浮动汇率制度，建立全国统一规范的外汇市场，取消外汇留成和上缴，实行银行结售汇制度，实现人民币经常项目有条件可兑换。

汇率并轨，这一变化如同星星之火。人民币汇率相当于从 1 美元兑 5.8 元贬值到 8.7 元，1 美元整整升值了近 3 元人民币。

人民币的贬值，带来了出口的快速增加。企业挣回的美元卖给中央银行，中央银行付给企业人民币，企业的银行存款增加，随着银行系统货币创造功能的运行，经济系统中的货币量快速增加。

比如，王老板生产服装，出口到美国，挣回 100 万美元。这 100 万美元，放在什么地方？按照结售汇制度，卖给央行，央行按照当前汇率 1 美元兑 8.70 元人民币算，付给王老板 870 万元人民币。王老板的 870 万元放在银行账户上，银行存款增加 870 万元，一段奇妙的存款创造旅程开始了——假设存款创造乘数为 3，那么，货币量就会增加 2 610 万元。只要王老板出口，央行就会被动投放货币，货币量就会通过乘数效应而倍增。

太多的货币追逐商品，物价就快速上涨了。一个小小的制度变化引起宏观经济的翻江倒海，"蝴蝶效应"真是无处不在。

1994 年这一年，商品零售价格指数上涨高达 21.70%，也就是说，100 元钱到了年底，其购买能力还不到年初的 80%。大家被通货膨胀税狠狠地"剪了一次羊毛"。

有人说，通货膨胀是小偷。更多人说，通货膨胀是"世界上的头号窃贼"，往往不声不响地从所有人手中窃取财富。此话千真万确，1994 年的人们切实感受到了。

但 1994 年的人们没有抢购，这与 1988 年完全不同。经历过 1988 年商品抢购风潮的人，都有刻骨铭心的经历，当年的商品零售价格指数上涨 18.5%。著名相声演员姜昆和唐杰忠的相声《着急》形容了当时人们的心理，听说副食品要涨价了，就买空了小卖部：醋，买一洗澡盆；酱油，买两水缸；豆油，买十五桶；味精，买两抽屉；五香面，买一大衣柜；黄酱，买一坛子。"看涨则涨，看跌则跌"，预期改变供求关系，决定价格走势，这一经济学道理，放之四海皆为准。这表明副食品价格逐步市场化了，人们对价格敏感了，在价格面前，人们都会本能地理性计算了。享受市场化红利的人们，钱包刚刚鼓起一些就开始怕"钱不值钱"，这是人们所想到的最大风险。

1988 年的抢购风潮，是人们害怕价格上涨、预期自强化的结果，个体理性而集体不理性，合成谬误出现了。而 1994 年通货膨胀如此之高，却没有发生抢购风，从另一个角度看，或许是因为人们不敢抢购了，毕竟未来谁也不知道会发生什么。此时，人们或许会想到未来可能面临"没有钱"的风险。从抢购到不抢购，每一个人都在用心感受着市场，从怕"钱不值钱"变成了怕"没有钱"。

人们意识到，传统的单位福利制度在逐步解体，教育、住房、养老正在变成新的"三座大山"，未来的生活只能靠自己；每一个自主决策都可能影响未来的生活。在人们的目标函数中，需考虑的因素越来越多，人们第一次意识到，应基于整个生命周期做决策。

市场是最好的老师，使每一个人快速成长。当人们考虑整个生命周期时，就要跨时均衡配置资源了，这自然会导致消费行为模式的彻底改变！

注释：

①《朱镕基讲话实录》编辑组编：《朱镕基讲话实录（第一卷）》，北京：人民出版社 2011 年版，第 447 页。

②根据 1991 年 3 月 13 日，国家外汇管理局、国家发展计划委员会、经济贸易部、中国银行联合颁布的《办理上缴中央外汇额度和核拨留成外汇额度的暂行规定》，一般商品出口收汇无偿上缴中央 20%；有偿上缴中央 30%，原则上无偿上缴地方政府 10%；外贸出口企业留成 40%。

1995 · 财产收入：让钱生钱

看过电影《大腕》（2001 年）的朋友，一定对一句台词印象深刻："不求最好，但求最贵。"很多人因为这句台词而记住了一名演员——李成儒。但早在 1995 年我就知道李成儒了，不过并不是因看了他演的影视剧，而是因为我讲授的一门课程。

1995 年春天，研究生一年级下学期，我去广播电视大学讲授"国际市场营销"这门课程。研究生外出授课是挣钱的一种方式。年轻人无畏，只要是经济管理类的课程，我都敢去讲授。

当时，一些老师投身商海，因此老师资源有些稀缺，研究生就成了替补队员。当然，研究生授课的市场定价相对较低，但对一些学校来说，也算一种吸引力。价格原理，供求规律，时刻发挥着作用。读研究生了，大家都觉得不能再向家里伸手要钱，不能再给家里增加经济负担了。尽管每个月学校发 150 元生活补助金，但生活还是有些紧张。自力更生是我们的选择，挣钱因此成了同学们的心之所向。

我当时到广播电视大学讲授的市场定价是每学时 10 元，一周 3 学时，每个月有 120 元收入。每个月末，去领课酬时，总是边走边哼着 1995 年春晚的流行歌曲《今儿个真高兴》。自己挣钱自己花，是人生的必修课，也是真正令人高兴的事儿。

每到学期末，很多同学都想方设法通过各种途径寻找下一学期的授课机会，谋划着未来的收入流。那个时候，每个人似乎都能找到课程去讲，不论是广播电视大学，还是成人教育。我曾经教过一个班，里面所有的学生年龄都比我大。

让知识变现，这是同学们的本能和潜意识。讲授课程，成为知识变现的主要途径。我的第一次知识变现是为某公司翻译了一份资料，挣得 90 元钱。我请研究生宿舍同学聚餐，一起大快朵颐，甚是兴奋。货币的力量，很能激励人。

1992 年"春天的故事"发生之后，很多同学摆地摊，靠的是价差套利。研究生时期，靠知识变现，人生有些不同了。为了讲授"国际市场营销"一课，我需要搜集大量案例，尤其是最新的案例。在讲到与汇率有关的内容时，我知道了李成儒——国内首位炒外汇爆仓的演员。

1985 年，李成儒下海经商，渐渐成为先富阶层。这一年 9 月 22 日，美国、日本、联邦德国、法国、英国在纽约广场饭店达成协议，联合干预外汇市场，日元开始升值。20 世纪 90 年代初期，很多人开始炒外汇、炒股，人们开始谋求财产性收入了。大家意识到，仅靠劳动收入，致富是有限的，你不理财，财不理你，必须要让钱生钱。

马克思说得对，资本就是那只会下金蛋的母鸡。人们手中有了闲钱，炒股炒汇，就变成资本了。人们说，20 世纪 80 年代，摆个地摊就能赚钱；90 年代，买只股票就能发财。当时的电影《股疯》，就用轻喜剧的形式，描绘了 90 年代全民炒股的疯狂热潮。90 年代初期，已经很富裕的李成儒开始炒外汇和日元，斩获颇丰。1995 年 1 月，日本发生关西大地震，股市、汇市、期市激烈震荡。当年的巴林银行倒闭事件，就源于这次大地震。

然而，美日汽车贸易谈判破裂，墨西哥发生金融风暴，为稳定比索汇率而大量抛售美元。日元又快速升值，美国人不管不问。1995 年 4 月，日元创下"二战"后最高纪录，1 美元兑 79.75 日元。

外汇市场风云突变，李成儒的巨额资金被爆仓，化为乌有。

这个案例我在课上讲得眉飞色舞，学生们听得如醉如痴。现实世界为我们上了生动的一课，我们第一次感受到，全球化时代，生活如此惊心动魄。20 世纪 80 年代，勇敢的人们投身市场，充分享受商品市场红利，成为先富阶层。先富阶层率先进入资本市场，追逐资产价格，享受资本市场红利，尽管市场有风险，投资须谨慎，但先富阶层的示范效应是巨大的，人们因此发现了劳动之外的收入来源。"就怕没有钱"的人们，开始谋求如何挣更多的钱。让钱生钱，这一理念很快在人们心中生根发芽。

1995 年，人们开始自力更生的一年，开始追逐资产价格的一年，世界惊心动魄的一年！

1996·资本市场：股票的疯涨与暴跌

1996年，少年不识愁滋味的时代似乎已经过去。尽管硕士研究生尚未毕业，但我已开始考虑自己的未来了。人生需要思考的问题中，"到哪里去"似乎比"从哪里来"更重要。

当时本科同班同学很多都去了"北上广"，留在甘肃的不多；身边的老师也一个接一个地去了"北上广"。人到哪里去，这是一个重大决定。

有一天，我在公共汽车上听见几位老人争论："你说，到底股票价格是由谁确定的？它和我们到市场上买件衣服有什么不同吗？"大半辈子靠劳动挣钱的老人们也懵懵懂懂地知道，股票是一个可以赚钱的东西，尽管他们不知道为什么能赚钱。老人们讨论着投不投钱去买股票，投多少，投什么。钱到哪里去，这是一个问题。

后来发现，无论走到什么地方，似乎每个人都在谈论股票。这个场景，在后来的每个"牛市"中多次再现。历史真是惊人的相似。行随心动，心随钱动，看不见的手正在发挥着其特有的魔力。

证券市场，给人们提供了单位之外的收入来源，也给人们带来了极大的困惑。人们意识到，生活原来可以这样。这是财产性收入进入百姓家的初始图景，人们心中掀起巨大的波澜。

炒股赚钱，一下子解放了累积资产只能依靠单位工资的心理约束。人们激情昂扬，尚不知道高收入与高风险如影随形，但不管如何，股市成了自由人的财务自由联合。

1996年，是我国第一个全民炒股的时代。之前，炒股是先富阶层、先知先觉阶层的率先行动。但这一年，炒股飞入寻常百姓家，股市跌宕起伏，让人开始真正地思考人生。

新年伊始，市场跌得一塌糊涂，没有人知道这一年的股市会怎么样。1月19日，沪指盘中出现新低——512.83点，一波大行情就此拉开帷幕。以"深发展"为首的绩优股率先发力，各色股票粉墨登场。股指的涨幅也很惊人，到当年12月，上证指数基本翻倍，盘中最高见于1 258.69点。1996年10月底，管理层在1个月的时间内连发12道"金牌"提示风险，然而股市仍然止不住地涨。

1996年12月16日，《人民日报》发表题为"正确认识当前股票市场"的特约评论员文章，指出对于目前证券市场的严重过度投机和可能造成的风险，要予以高度警惕，要本着加强监管、增加供给、正确引导、保持稳定的原则，做好八项工作。但给发烧的股市狠狠浇上一盆冷水的是16日当天的股市，当日开盘4分钟内，两市499只股票，除6只停牌外，几乎全部跌停。大盘几乎连续三天跌停，上证指数最低跌至855点。

走在路上，人们见面问的是"涨了吗"，得到的回答常常是令人失望的"跌了"。初入股市的人们，被市场狠狠地教育了一次。成长，总是要交学费的。

想一想，当时股民有点"很傻很天真"，天真地认为股市不会跌。1996年12月，国务院副总理朱镕基在一次会上指出："为什么暴涨？大家都认为，'九七'香港回归之前，政府绝对不会让股市掉下去；否则，政府的面子不好看。以为买股票就必赚，因此今年9月份后，新的股民进入得比较多，几个月的时间增加了800万户，现在有2 200万户股民。大概有近40%的城市人口与股票有千丝万缕的联系，股市牵动人心啊。"[①]

人们思考钱往哪里去的同时也产生了一个宏观结果——人们不敢多花钱了。这种想法出现后，人们就怕没有钱，同时想着多挣钱了。人们在消费扩张与升级后，消费的冲动消退了，消费需求开始不足了，钱都跑到股市了。

与此同时，在神州大地，外商投资正在汹涌而来，各类生产线、生产车间崛地而起；国内生产能力、供给能力迅速提高。

此消彼长，不知不觉间，1995 年之前的短缺不见了，过剩慢慢出现，卖方市场不见了，买方市场出现了。供求格局的转换悄然完成了。

1996 年，人们徜徉在美好的"软着陆"中，1994 年超过20% 的通货膨胀率，悄然回落到只有6% 多一点。许多人认为，这是 1993 年 6 月起紧缩性宏观调控政策的结果。当然，政策效应功不可没。但殊不知，供求格局的悄然转换和宏观政策产生了共振效应，这一机制的影响更为长远。

居安思危，1996 年的人们，似乎还没有意识到。

注释：

① 《朱镕基讲话实录》编辑组编：《朱镕基讲话实录（第二卷）》，北京：人民出版社 2011 年版，第 377 - 378 页。

1997 · 金融危机：击退国际投资巨鳄

歌手任贤齐没有想到，自己演唱的《心太软》在 1997 年的神州大地上突然火了起来，到处都能听到"你总是心太软，心太软，把所有问题都自己扛"。伴着火车上播放的《心太软》，我来到北京，在中国人民大学攻读博士。当时还和博士生同学讨论，这首歌的流行反映了当时人们的心态，即福利体制在解体，不确定性在增加，很多问题都要自己扛。人们感觉有些疲惫，有些自顾不暇。

有些事情，一旦迈开脚步，便不能回头，尽管不知道前方还会有哪些艰难险阻，但也只能一步一步向前。1997 年 6 月 30 日晚上，大家都守在电视机旁，等待零时的香港回归交接仪式。7 月 1 日，举国欢庆，人们倍感自豪。7 月 2 日，邻居泰国发生的一件事情却没有引起太多国人的注意：泰国中央银行宣布，放弃泰铢盯住美元的汇率制。此前，泰铢与美元长期稳定在 1 美元兑 25 泰铢的水平。之后，泰铢迅速贬值了。

这和我们有什么关系？然而，这件兄弟国家的事儿，在未来几年，确确实实影响了中国人民的钱袋子。后来，全国人民都知道有一个叫索罗斯的人，是国际投机界的大鳄。

索罗斯提前囤积了大量的泰铢，然后在外汇市场上狂抛泰铢。他为什么这么做？当然是为了赚钱。怎么赚钱？靠外汇合约套利。

比如，索罗斯和你签订合约，1 个月后按照 1 美元兑 25 泰铢的汇率进行交割。然后，索罗斯狂抛泰铢，如果中央银行不管不问，到交割日时，泰铢贬值到 1 美元兑 30 泰铢的水平，索罗斯就用 1 美元在市场上买回 30 泰铢，然后用 25 泰铢和你进行合约交割，买回 1 美元，这样 1 美元就能净赚 5 泰铢。反之亦可，索罗斯用 25 泰铢和你交割买回 1 美元，然后再用 1 美元到市场上买回 30 泰铢，这样，每 25 泰铢就净赚 5 泰铢。索罗斯这样狂抛泰铢，泰国的中央银行当然不允许。

索罗斯抛出 25 泰铢，泰国央行就用 1 美元买回来；索罗斯抛出 25 亿泰铢，泰国央行就用 1 亿美元买回来。这样，汇率就稳定在 1∶25 的水平。索罗斯和泰国央行就这样对峙起来了。若干回合下来，泰国央行发现，没有美元储备了，没有"炮弹"了；但索罗斯还有多少"炮弹"，不得而知。

打仗没有炮弹了，那就只能投降了。泰国央行于是宣布放弃泰铢盯住美元的汇率制。结果，泰铢贬值一落千丈，索罗斯赚了很多。

泰国出事后，大量外资的抽逃更加剧了泰铢的贬值。邻国马来西亚的外资也预估情况可能不妙，开始抽逃，马来西亚的货币也随之贬值。时任马来西亚总理马哈蒂尔在国际会议上大骂索罗斯，因为马来西亚的 GDP 一下子倒退了 10 年，回到了 1987 年的水平。

连锁反应导致印度尼西亚以及许多东亚国家和地区的货币都贬值了，东亚金融危机就这样发生了。

刚刚进入买方市场的中国，经济有些"屋漏偏逢连夜雨"，正是市场相对过剩、内需不足的时期。金融危机到来，中国承诺人民币不贬值，但因与中国产品同构、市场同构的周边兄弟国家货币贬值，中国也随之外需不足了。内外夹击的需求约束，使中国迎来了改革开放后的第一个通货紧缩时代。

通货紧缩有时候比通货膨胀更为可怕。通货膨胀，使人们的钱变得"不值钱"了。通货紧缩情况下，物价持续下跌，如果不是因为技术进步而是因为有支付能力的需求出现问题，最终的结果可能是人们变得"没有钱"；因为企业经营困难，最终人们可能会没有工作。

第一次碰到通货紧缩的人们，又一次手足无措了。有时候，福祸相依，不经历风雨，怎能见彩虹。金融危机的最大好处是，人们对经济运行的认识更清楚，对开放背景下的运行机制和金融及其衍生品的威力和传导机制的认识也更清晰了，对金融和实体经济的关系认识更清楚了。

1996 年，中央部委的一位司长来学校给硕士生做了一场报告，讲到的经济热点问题之一就是资本项目下的可自由兑换即将提上中央政府的议事日程。

当时，高通胀的退潮和经济增速的高涨成功实现了"软着陆"，给了我们快速前进的信心，社会各界都有些心潮澎湃，感觉进入了快轨道，我们有能力驾驭中国这艘市场经济的轮船，披荆斩棘，勇往直前。

1997 年的金融危机为我们上了生动的一课，我们充分吸取了泰国资本项目可自由兑换过早开放的教训。

在人民大学的博士生岁月，伴随着金融危机开始了。后来听说索罗斯在泰国尽兴之后，调转枪头，1998 年开始攻击中国香港市场。当时，港币汇率一直稳定在 1 美元兑 7.80 港元。索罗斯在外汇市场上狂抛港币，他的目标是超过 1：8.0。为了维持 1 美元兑 7.8 港元的汇率，香港特区政府决定入市干预，用美元买港币。问题是，香港特区政府有充足的"炮弹"吗，有充足的美元储备应对这头金融大鳄吗？

朱镕基总理发话了：索罗斯，你尽管来，中国中央政府有 1 350

亿美元的外汇储备，全力支持香港特区政府。索罗斯没有能力接这么大的单子，因此最终没有撼动港元汇率。但这回，索罗斯声东击西，在股市上做了一个看跌的股指期货合约。香港恒生指数下跌越厉害，他就赚得越多；反之，恒生指数上涨越厉害，他就亏得越多。索罗斯在外汇市场上风声鹤唳狂抛港币时，香港股市哀鸿遍野。但因为香港特区政府在股市、汇市、期市同时入市干预，香港成了索罗斯的折戟之地。

攻读博士学位的我当时还不知道股指期货为何物，经此一役后，才终于知道了。有太多的金融工具我们还未见过。和国际顶尖金融智力精英博弈，真是让人心惊胆战啊！

其实，索罗斯是在赌，赌香港特区政府不会入市干预。但这一次，他赌错了。的确，市场这只看不见的手和政府这只看得见的手，该握手时就握手，绝不含糊！

1998 ·宏观调控：2 000 亿元的刺激

1998 年 3 月 19 日上午，中国人民大学研究生 1 号楼 6 楼，一群博士生集聚在一台电视前，观看朱镕基总理答记者问。此后，每年 3 月"两会"结束后，"总理答记者问"环节都成为一道亮丽的风景线。

其时，新任总理朱镕基先生秉承其一贯的风格，激情澎湃，雷厉风行。当听到总理说"不管前面是地雷阵还是万丈深渊，我都将一往无前，义无反顾，鞠躬尽瘁，死而后已"时，博士生们自发地鼓起掌来。

大家通过屏幕，认识了凤凰卫视的吴小莉。当时，总理点吴小莉提问，还直言常看凤凰卫视，吴小莉因此一问成名。后来才知道，在吴小莉问完后，香港股市恒生指数快速上扬。市场有效性在此时充分显现。

年轻的博士生对时政有着天然的兴趣，颇有家国天下的情怀，有激情，也有梦想。大家都想了解新一届政府的工作部署，因为它既是未来研究的重要内容，也会对自己的工作和生活产生重大影响。

作为国民经济学专业博士生的我对之更加关心，更加感兴趣。当时，总理提出该届政府的任务，是"一个确保、三个到位、五项改革"①。其中，"一个确保"，就是确保 1998 年经济发展速度达到 8%，通货膨胀率小于 3%，人民币不能贬值。然而 1998 年经济增长率为 7.8%，居民消费价格总水平比上年下降 0.8%，商品零售价格总水平比上年下降 2.6%。

经济增长率未能确保，通货膨胀变成了通货紧缩。改革开放以来，我们第一次面临通货紧缩，但这已经很不容易了。1999 年 3 月 15 日，第二次答记者问环节，朱镕基说道："过去的一年我感到非常难，我们的成绩来之不易呀！"

宏观调控既是科学，又是艺术。科学，就是分析变量之间的逻辑关系；艺术，就是要准确判断火候，把握出手时机。

宏观调控，要逆经济风向而行，"逆周期"操作，即经济太热时，要消消火，用紧缩性的政策；经济太冷时，要加加温，用扩张性政策。要熨平经济波动，千万不能变成"顺周期"操作：经济太热了，火上浇油；经济太冷了，雪上加霜。

但这事说来容易，做起来很难，因为很难科学地判断何时经济过热，何时经济过冷。一旦判断失误，就可能将"逆周期"误作"顺周期"操作了。

实际上，1996 年中国经济"软着陆"，需求不足已经出现了苗头，1993 年以来的紧缩性宏观政策发挥作用。1997 年，"屋漏偏逢连夜雨"，金融危机导致我国外需不足。

这种情况下，紧缩性的政策应该退出了。然而 1998 年 3 月《政府工作报告》依然提出"适度从紧"的宏观政策。显然政策转型有些滞后了，甚至有些"顺周期"操作了。

政府此番做法可以理解，因为我们太害怕通货膨胀了，从 1981 年稍有通胀算起，通货膨胀折腾了我们 15 年。一旦通货紧缩出现，我们便有些手足无措，归根到底，是知识储备不足。

1998 年 7 月底，总理在一次会上正式指出，我们面临通货紧缩。1998 年 8 月 31 日，全国人大常委会召开会议，修改了当年的预算，增发了 1 000 亿元国债，并要求地方政府配套 1 000 亿元。这 2 000

亿元的刺激性政策，意味着积极的财政政策的到来。宏观政策回到了正确的轨道，开始进行"逆周期"调控了。

自从1997年到中国人民大学读书以来，我的生活似乎就是"宿舍—图书馆—食堂"的三点一线的往返。徜徉在图书馆是一种享受，可以如饥似渴地吸取知识。但此刻，已经不能死读书、读死书了，因为我们进入了边读边思考理论和现实问题的时代。1997年的金融危机，1998年的通货紧缩，让我对其逻辑脉络如醉如痴，执意要将它梳理清楚。

我拜读了索罗斯的《全球资本主义危机》，才知道索罗斯学哲学出身。该书开篇提出"开放社会"的概念，即具有自我纠错能力的社会；如果社会没有纠错能力，那就很容易被货币攻击。这是他进行基金运作或资产组合的基本原则。

1998年还有一场令人印象深刻的洪水，每每想起，军民共同抢险的场景历历在目。但我看到一篇文章提出"洪水有益"的观点，因为灾后重建有利于扩大需求，拉动经济增长。这种观点是典型的凯恩斯的"破窗理论"：把窗户玻璃打碎，买一块，重新装上，扩大需求，拉动增长。

这种观点让当时年轻的我义愤填膺。"洪水有益论"简直是胡说，这一观点只看到了流量需求，没有看到洪水破坏了存量生产能力；破坏了存量消费能力，如何实现增长？流量存量不分，需求供给不结合，实在肤浅可笑！

年轻的我决定，以后绝不做这样的经济学者，绝不写这样的文章，否则真是贻笑大方。然而，令人吃惊的是，10年之后，2008年汶川大地震后，竟依然有人老调重弹，鼓吹"地震有利于经济增长"，呜呼哀哉！

理论逻辑，现实逻辑，中国的经济学者需要更高的修养。1998年，徜徉于书海中的我，快乐地思考着，尽管过程中仍不时充满困惑。

注释：

①1998 年 3 月 19 日，朱镕基总理在九届全国人大一次会议举行的记者招待会上提出，本届政府的任务，概括起来说是"一个确保、三个到位、五项改革"。"一个确保"，就是确保 1998 年中国的经济发展速度达到 8%，通货膨胀率小于 3%，人民币不能贬值。"三个到位"，一是确定用 3 年左右的时间使大多数国有大中型亏损企业摆脱困境进而建立现代企业制度；二是确定在 3 年内彻底改革金融系统，中央银行强化监管、商业银行自主经营的目标要在 20 世纪末实现；三是政府机构改革的任务要在 3 年内完成。"五项改革"，是指进行粮食流通体制、投资融资体制、住房制度、医疗制度和财政税收制度改革。朱镕基还强调，科教兴国是本届政府最大的任务。

第四章

青山风行（1999—2008）

市意风行：寰宇握手

改革与发展双重意义的经济转型不可能是一帆风顺的。20 世纪 90 年代末期，第一次供给侧改革开始了。三年国企脱困，纺织业压锭，为了市场经济的微观基础，为了现代企业制度，中国自然而然地（也可能不得不）进入存量改革阶段。1998 年，朱镕基总理在答记者问时，提出"一个确保、三个到位、五项改革"，开启了供给侧改革的序幕。

改革政策直接或者间接地影响着每一个行为主体。国企改革，福利体制改革，产生了一种倒逼机制：市场化生存。一旦市场化生存，理性计算就要真正开始了，人们对经济变量就越来越敏感了：价格变了，怎么办；利率变了，怎么办；汇率变了，怎么办；税率变了，怎么办？这样，宏观调控的传导机制就逐步具备了。

市场经济是一个开放系统。只有开放体系，才有更强的自我纠错能力，才能阔步向前。20 世纪 90 年代末期东亚金融危机对中国外部需求的冲击，更使我们意识到拥抱全球市场是何等重要。经过艰苦卓绝的谈判，2001 年年底中国加入世界贸易组织（WTO），全方位进入世界大市场。中国的市场经济迈入新阶段。

政府与市场的关系，是经济发展的永恒命题。经历了 20 多年的市场化改革进程，人们对政府与市场关系的认识，也在逐步深化，市场亲善论、政府主导论，轮番上场。1993 年十四届三中全会通过《中共中央关于建立社会主义市场经济体制若干问题的决定》，2003 年十六届三中全会通过《中共中央关于完善社会主义市场经济体制若干问题的决定》，十年之间，从"建立"到"完善"，既解决老问题，又解决新问题。

但对改革与发展具有双重意义的经济转型，人们发现市场与政府的替代关系认识论处处碰壁，不能有效地解决实践中的具体问题。2003 年积极财政政策的淡出，2004 年的"郎顾之争"，2004 年以来关于房价的调控，2008 年的"国进民退"争议，使人们的认识逐步深化。人们意识到，看不见的手与看得见的手应该结合，政府应该增进市场功能；政府与市场，不是替代关系，而是互补关系。双重意义的经济转型实践，丰富了市场经济理论体系。从一定程度上讲，这不同于"华盛顿共识"①，更与苏联的激进式改革（休克疗法②）有着显著区别。

在全方位融入全球经济的背景下，各经济主体的行为模式都在发生改变。企业要面临国内和国际两个市场的竞争，配置国内和国际两种资源。政府宏观调控不如 20 世纪 90 年代那样得心应手了，热钱汹涌而来，资产价格上升，楼市热了，股市热了。资产价格热，而不是消费品价格热，经济周期与金融周期交叉出现，着眼于稳定物价与促进增长的货币政策有些力不从心了。这为 21 世纪 10 年代货币政策与宏观审慎管理③双支柱调控框架埋下了伏笔。货币政策主要熨平经济周期的波动，宏观审慎管理主要熨平金融周期的波动。宏观调控迈入新阶段。

市场经济，就是一个过程，一路前行，一路学习，一路实践。

注释：

①华盛顿共识（Washington Consensus），是指 20 世纪 80 年代以来位于华盛顿的三大机构——国际货币基金组织、世界银行和美国

政府，根据拉美国家减少政府干预、促进贸易和金融自由化的经验提出来并形成的一系列政策主张。以新自由主义学说为理论依据的"华盛顿共识"在 90 年代广为传播。

②休克疗法（shock therapy），这一医学术语于 20 世纪 80 年代中期被美国经济学家杰弗里·萨克斯（Jeffrey Sachs）引入经济领域。被聘担任玻利维亚政府经济顾问期间，萨克斯根据玻利维亚经济危机问题，提出了一整套经济纲领和经济政策，主要内容是经济自由化、经济私有化、经济稳定化，实行紧缩的金融和财政政策。由于这套经济纲领和政策的实施具有较强的冲击力，在短期内可能使社会的经济生活产生巨大的震荡，甚至导致出现"休克"状态。休克疗法背离了俄罗斯的国情，因此以失败告终。

③宏观审慎管理，是从宏观的、逆周期视角采取措施，防范由金融体系顺周期波动和跨部门传染导致的系统性风险，维护货币和金融体系的稳定。

1999 · 国企脱困：中产阶级的成长

1999 年暑假回家，有一天，我叫了一辆出租车，司机竟然是女性。这是我第一次见到女出租车司机。好奇之余，我和司机聊了起来。原来，她是棉纺厂的下岗女工，原来掌握的生产技术没有什么用了，要生存就得想办法，一狠心，她就和几个同样命运的姐妹去学开车。

之所以是"一狠心"，是因为当时学车大约需要 2 000 元的学费，这对下岗职工家庭而言可是一笔不菲的支出。这是一项重大的家庭经济决策，因为学完车，要当司机，还要解决车的问题。

自己买车，之后交一些费用，便可挂靠某出租车公司。但对家庭而言，这是一笔巨额支出；或者开出租车公司的车，每月交固定的费用。总之，运营牌照要靠公司，司机需要每月向公司交固定的费用。有了牌照，就有了一定权力。有了权力，就能带来现金流。

有了车，每个月的油钱、不确定的维修费也是必需的支出。这一切支出都需要司机开车所获得的现金流来补偿。关于成本和收益，她反复盘算过，才有了最后的"一狠心"。司机告诉我，车是向亲友借钱筹资买的，现在由她和儿子轮流开，儿子负责夜班，且没有正式工作。

我了解了一下，我父亲工厂所在的城市，当时出租车起步价是 5 元，后来调整为 3.5 元。因为 5 元对普通百姓而言，还是太高了，而公交车只要 1 元。需求是指有支付能力的需要，从 5 元变成 3.5 元，就把一些潜在的需要变成了实际的需求，出租车就有了更多的现金流。每一个人都在理性计算，看不见的手时刻发挥着作用。司机说，在市内，每次乘客花费6～7元，全天载客30～40次，每天收入200多元，扣除掉各种成本，每天能有100元左右的纯收入，每个月纯收入3 000元左右。

如果碰到节假日，则收入要好很多。节假日，由于探亲访友，人们打车的次数多了，对车费不太敏感了，而且，几个人乘一辆出租车，相比公交车更舒适些，费用也不算高。更为重要的是，节假日，外地的亲友回来了，城里突然多了一些人。尤其是从南方城市回来的一些人，觉得车费太便宜了，出行多选择出租车。

对这个家庭而言，尽管很辛苦，但这样的收入，司机已经很满意了。司机说，这几年，先争取把买车借的钱还了，以后就是给自己挣钱，给儿子结婚做储备！当时，司机脸上洋溢着笑容，一脸的欣慰！

这个笑容，真有力量！这是中国市场开放的力量，是市场发育的微观基础！

这一切缘于1998年朱镕基总理答记者问时提出的"一个确保、三个到位、五项改革"。"三个到位"之一，是确定用3年左右的时间使大多数国有大中型亏损企业摆脱困境，进而建立现代企业制度。

这是一次雷厉风行的供给侧改革。1998年《国务院关于纺织工业深化改革调整结构解困扭亏工作有关问题的通知》提出改革目标：从1998年起，用3年左右的时间压缩淘汰落后棉纺1 000万锭，分流安置下岗职工120万，到2000年实现全行业扭亏为盈。

中央的供给侧改革决定，在1999年具体落实到了这个下岗纺织女工身上。政策是宏观的，影响是具体的。而幸运的是，这个女工家庭是勇敢的，"一狠心"自谋出路，为供给侧改革顺利推进做出了贡献！

有一次听一个社会学家的讲座，他提到一个很好的观点：一个中产阶级占绝大多数的社会，是一个稳定的、和谐的、有活力的社会。

中产阶级，中国的中产阶级在哪儿？下岗职工、退休人员是中产阶级吗？不是！国有企业在职在岗人员是中产阶级吗？只有少数是，毕竟国企仍在脱困中。个体户、私营企业主是中产阶级吗？倒是有可能是，但买方市场的风险更大，充满着不确定性。

大学生，应该是中产阶级的候选人。但50后、60后甚至70后中，大学生的比例很小。80后刚上大学，来日方长。1999年大学扩招，不知道能不能产生一个意外但符合逻辑的结果：中产阶级茁壮成长。

我仰望天空，蓝天白云自悠悠，万物皆有序，尽在变化中。我边走边想，回到了父母家，一个让人安心的地方！

2000 · 住房体制：停止福利分房

2000 年，有人说它是旧世纪的最后一年；有人说它是新世纪的第一年。总之，这是一个有着特殊意义的年份。对于我，其更为特殊之处在于，这一年我博士生的学习生涯以及 22 年的学习生涯即将结束，我要找工作了。

阳春三月，我从北京乘坐火车到广州面试，一路上看到很多建筑工地，越近广州，工地越多。我和同行的同学讨论道，看来扩大内需政策的具体落实，还是要靠投资拉动，各地都行动起来了。

云山珠水，花城广州，终得一见。满城的绿色，鲜花锦簇，和北方的萧瑟截然不同。一出火车站，人潮汹涌，虽曾听说广州的繁荣，但身在其中，感受终究不同。美景，盛情，留住了我和同学的心。7 月 4 日，我和同学再次来到广州，这一次是为工作报到。

一旦工作，就要和房子打交道了。这一打交道，可算是真真切切体会到人生的愁滋味了！

广州市已经于 1999 年年底停止福利分房了，仅差半年，我便没有享受到单位分房这项福利。1998 年朱镕基总理答记者问时提出"一个确保、三个到位、五项改革"。其中"五项改革"之一，就是住房体制改革。

1998 年，《国务院关于进一步深化城镇住房制度改革加快住房建设的通知》指出：停止住房实物分配，逐步实行住房分配的货币化。各地随即铺开此项工作。房地产随之全面市场化了，而我就是被市场化深深影响了的一员，而且算是广州的第一批。

人就是这样，面对政策调整，或者事不关己，高高挂起，或者有些雀跃，而一旦关系到切身利益，感受就不同了。1998年总理答记者问时，我激情鼓掌，却没有想到，当时提出的政策在未来某一天会具体地落实到自己身上，使我2000年初到广州时感受到了些许悲伤。

好在单位还有一些房子出租给我们，只要收一些租金，租金相对于市场价还是比较低的。虽然没有享受到福利分房，却也享受了具有优越性的低租金的住房使用权。3年之后，单位新来的同事已经无法享受这一待遇了。

我仅迟了半年而没有享受到分房福利，虽然很遗憾，但这一体制改革，催生了一个巨大的住房市场。买房，是大部分人的必然选择，对我而言，它是必需品，无论早还是晚。幸好我在2004年买了房，尽管仍要给银行"打工"（按揭贷款），但没有身陷随之而来房价飞涨的滚滚洪流之中。这要感谢经济学的力量，当然，还要感谢我太太果断决策的魄力！

我想到阳春三月在火车沿线看到的工地，应该很多都是在建设商品房吧。开发商们已经行动起来，这恐怕不仅仅是响应扩大内需的号召，企业家们也已经敏锐地意识到房地产的春天就要来了，而且是一个漫长的春天！春江水暖鸭先知，书生气的我，需要接一接地气。

2000年，我人生中很多市场的大门悄悄打开了。为了美好生活，不忘初心，赶快和市场握握手吧！因为市场会对你说，"跟我走吧，天亮就出发。梦已经醒来，心不会害怕！"

2001 ·区域差异：广州是不一样的烟火

2001 年春节，我和家人在广州度过了一个别样的春节。人生第一次没有和父母在一起过春节，生活有些不同了。的确，需要仔细品味一下广州这座生活之城的味道了！美食，美景，云山，珠水，值得流连忘返，但我更为广州的市意所震撼，这是一座真正市意风行的城市。

在广州，无论是饭店聚餐还是商场购物，店员都是丹唇未启笑先闻。无论交易是否成功，店员都是满面春风，即使不购买，也是伴随着"欢迎下次光临"的和悦声离开。这在其他城市是很难享受到的，市场意识的差异由此可见。

岭南文化讲的是"和气生财"。为什么要细声细气地经营？因为粗声粗气会赶走客人。把别人的钱，通过市场装到自己的口袋里是不容易的。

除夕那天，我到天河体育中心逛花市。花市人流如织，花团锦簇，着实令人赞叹。春节期间，我碰到同事，谈到我的花市之旅，借此机会，同事给我讲了天河体育中心的故事。

那是 1987 年，广州举办第六届全国运动会，主会场就在天河体育中心，那次运动会堪称中国的"洛杉矶奥运会"。1984 年洛杉矶奥运会是历史上第一次实现市场化运作的奥运会。第六届全国运动会改变此前政府包办全运会的历史，通过市场化运作吸引办赛费用，为全运会办赛模式提供了一个借鉴案例。在那之前，天河还分布着很多"农村"。而如今的天河，已是车水马龙、高楼林立，成为广州的中央商务区（CBD），成为广州经济第一区。

春节期间，我还去了一趟白天鹅宾馆，这个 1985 年被我河南农村同学称为"旅馆"的地方，让我知道了很多趣事。

做区域经济的人，能从夜晚的灯影窥探经济社会发展的秘密。20 世纪 80 年代初，随着夜幕降临，珠江两岸黑漆漆一片。宾馆开业后，在江边停泊一条船，船上发电，白天鹅宾馆旁边的珠江水亮了，人们的眼睛亮了，心也敞亮了。灯光取代了月光，成为夜晚人们行路的指引，自然经济也悄悄迈向工业化。

1983 年 2 月 6 日，白天鹅宾馆正式开业运营，市民可以自由进入参观，酒店厕所首开配备免费厕纸的先河。当天，市民蜂拥而至，涌进 1 万多人，卫生间卷纸一天耗费两百多卷。此时的厕纸，应该是奢侈品。这种消费的示范效应是巨大的，它为消费者打开了一扇窗——原来生活可以这样过。消费者的需求，就是轻工业发展的市场基础，而珠三角工业化进程的起点，就是轻工业。这冥冥之中，是一种呼应。

2001 年 11 月，单位正举办一个大型的会议。我陪部分会议代表到星海音乐厅听一个欧洲乐团的钢琴演奏会。票价每人 80 元，在我看来，这是一个较高的价格了，但音乐厅还是坐得满满的。小时候缺少音乐教育的我，其实很难真正地欣赏这一国际水平的音乐之美，尽管旋律依然在耳边环绕。

陷入沉思的我，突然想到一个经济学问题，这个音乐厅，如果在西部城市，能经营下去吗？高雅音乐是奢侈品，还是必需品？恐怕因地而异，因人而异！我又想起曾于 1999 年和一位博士生同学聊起西部大开发和区域经济差异的问题，他的看法是，1992 年以后，中国区域经济差距正在快速拉大。

　　想起有一年，我乘火车从上海回兰州，看到铁路沿线的乡村建筑，依次为三层楼房、两层楼房、红砖平房、土砖平房。海拔越高，建筑越低，质量越差。这就是区域差距。的确，我成长、求学与工作的地点，跨越了东、中、西部地区：生于河南，长于甘肃，学于北京，事于广东。我年少求学时期恰好是改革开放进程的起始阶段，宝贵的经历之一便是对地区经济差异有了切肤之感。

　　2001年底，我承担了一个省内经济管理部门的课题，研究结论使我大吃一惊：广东省内地区经济发展差距，超过了全国东、中、西部地区的经济差距；最富的地方，在广东；最穷的地方，也在广东。这篇研究报告，在一定程度上为省政府提出区域协调发展战略提供了参考。

　　后来回想，我为什么会惊诧，原因在于我读了万卷书，却只走了百里路。我意识到虽不能仗剑走天涯，但也要看看乡土中国了。随后几年，我和同事带领学生一起"三下乡"，看到了真实的广东，真实的中国。真正体会到了"社会主义初级阶段"的现实逻辑，真正体会到了"世界上最大的发展中国家"的事实。

　　城乡差异，区域差异，阶层差异，一个多元的中国，一个鲜活的中国，在我的脑海中浮现。

2002 · 入世效应：受冲击的东北玉米产区

2002 年春节过后，我接待了一个俄罗斯社会科学研究院的学术访问团，主要是探讨各自国家的经济发展热点问题。对此，我们还是有一点自豪的，毕竟改革开放以来，中国发展很快，被世界银行誉为"中国奇迹"。同样是转轨国家，20 世纪 90 年代俄罗斯的"休克疗法"却产生了太多的阵痛。

我们所探讨的首要热点问题，当属入世了。2001 年年底，中国正式加入 WTO。当时，俄罗斯正在进行加入 WTO 的谈判。交流时，我问了一个问题，"俄罗斯人，官员、学者、民众，是如何看待这件事的？有没有具体的时间表？"

对方的回答令我大吃一惊："我们不急，政府不急，学者不急，老百姓也不急。慢慢谈，谈好了再进去。"神情泰然且从容。这与我们当时加入 WTO 时的官民态度似乎完全不同。2001 年，国人是如此自豪，谈判了多少年，终于进去了，举国欢庆。

中美 WTO 谈判的关键难题之一就是中国是否以最大的发展中国家身份加入。美国人坚持应该以初等发达国家身份加入，我方不同意。因为身份不同，义务就不同。为此，1999 年 10 月，朱镕基总理特地在兰州会见了前来谈判的美国财政部部长萨默斯。广袤的黄土高坡，使美方看到中国依然是发展中国家。

经过多轮谈判，中国终于成功入世。总理曾经说过一句话，"黑发人熬成了白发人"。加入 WTO，我们进入国际市场更便利了，同时，我们也要开放国内市场。加入 WTO，一个更大的世界舞台摆在了国人面前，而对"机遇与风险并存"这句话，国人也有了更为深刻的体会。

2002 年，入世第一年，效应即开始凸显。这一年及随后几年，东北地区玉米的销售受到冲击，使人感受到"2002 年的第一场雪，比以往时候来得更'早'一些"。作为我国玉米主产区，东北率先感受到了入世之后国际竞争中的阵阵寒意。就玉米而言，中国在入世第一年要提供 450 万吨的进口配额，在 2004 年增加到 720 万吨。那几年来，我国玉米年供给量已超过年消费量近 1 000 万吨，库存大量积压。同时，南方沿海地区的玉米消费大省利用近海和口岸优势，进口国外价格较低的玉米，对东北玉米产区的依赖度减弱。其中最为主要的因素是，玉米的国际价格加上运费，还略低于国内价格。南方的企业，自然而然不到东北买玉米了。

任何政策或规则的改变，都是利益的分配书。入世，就是市场变了，国内外的企业进入同一个竞争平台，谁能提供更好的产品和服务，谁物美质优价低，谁就能获得市场。企业跨越国境掰手腕，谁有实力谁就赢。2002 年，人们意识到，市场是一个国家和地区发展最宝贵的财富。

其实，当时谈判过程有没有失误，还有待商榷；有没有忽略中国城乡存在二元结构的国情，也不得而知。比如中国生产 10 亿斤粮食，进口配额 1 亿斤，理论上来说，市场开放程度是 10%，但是事实上，10 亿斤中，有 6 亿是农民自产自销的，实际上进入市场交易的只有 4 亿斤。市场规模 4 亿斤，进口配额 1 亿斤，市场开放率是25%，如果谈判是按照开放 10% 进行的，那就不符合国情了。

尽管《国富论》开篇就强调市场的重大意义，强调"劳动分工取决于市场范围"，但实践出真知，到 2002 年我们才顿悟，同时，更多的国际企业对中国市场也有了一定了解。群雄逐鹿于神州大市场，就这样开始了！

2003·政府职能：根除心中的"小辫子"

2003 年的人们，对"非典"（SARS）的记忆是深刻的。"非典"肆虐神州大地，瘟神降临，人人自危，人与人之间的空间距离和心理距离骤然拉大，卫生水平骤然提升。这场意外的冲击，对经济社会产生了广泛的影响。

疑似患者被隔离，整个小区被隔离；乘车、乘飞机、乘船前要测体温，洗手一定要用洗手液、消毒液；不举办或不参加集体活动，也尽量不要外出。我所讲授的课程，学生轮流上课，隔周上一次，为的是使课室里学生之间有足够远的空间距离。

当时，总会不时传来某地口罩、食盐、瓶装水、青菜等价格飞涨的消息。与此同时，楼市没有交易了，企业无法正常生产了。一时间，风声鹤唳，草木皆兵。全球人民都在关注着中国，国际足联也在密切关注着。

这一年的 7 月，原本第四届女足世界杯应该在武汉举行，但国际足联不敢冒险，临时决定把比赛地点更换到美国。美国 1999 年举办了女足世界杯，比赛设施皆可用。9 月 20 日是女足世界杯开幕之日，然而就在开幕前 3 天——9 月 17 日，美国女足大联盟宣布解体！

我是通过报纸的一篇评论知道这件事情的。写评论的这个记者，似乎有些幸灾乐祸，言中之意，觉得美国人真是不行，世界杯要开幕了，足球联盟却解体了，在中国绝对不会发生这样的事情。我看了评论，觉得可能有问题，就找了一些资料梳理了一下，发现这位记者心中有着一根"小辫子"。对于这件事情，美国官方没有人做出评论，只有足协主席说了一句话"It's a pity"（遗憾）——足协主席可是民间机构负责人。

那么，女足联盟为什么会成立，又为什么会解体？原来是经济学基本规律在发挥作用：需求供给决定价格；成本收益决定成败。美国女足联盟成立，主要是因为1999年美国女足世界杯夺冠，激起了美国人民观看女足比赛的热潮。有需求就会有供给，华纳公司抓住商机，筹办女足大联盟比赛，为女足比赛提供条件。电视转播、场地广告、门票、球衣、纪念品等，都能带来现金流。但由于边际效用递减，并且足球在美国属于二流运动，女足又不如男足激烈，人们开始对女足比赛失去兴趣，电视台不转播了，球迷少了，收入就下降了。当举办女足比赛的成本大于其收益时，华纳公司决定解散女足联盟，退出女足市场。

虽然美国即将举办女足世界杯，但是女足大联盟在进行成本收益分析后依然决定解体。这是一个典型市场意义上的企业自由决策。这是看不见的手在操作。政府是不管不问的，看得见的手不会随意掺和。

这事儿如果放在中国，可能真的不会发生。因为尽管历经了25年的市场化改革，但人们的思维还是缺乏市场理性。看来，市场的大门若要完全敞开，并非坦途。我由此想起辜鸿铭的故事。1917年，辜鸿铭在北京大学任教，梳着小辫子走进课堂，学生们哄堂大笑，辜鸿铭平静地说："我头上的辫子是有形的，你们心中的辫子却是无形的。"此话一出，举座皆惊。辜鸿铭在《在德不在辫》一文中指出："洋人绝不会因为我们割去发辫，穿上西装，就会对我们稍加尊敬的。事实上，只有当欧美人了解到真正的中国人——一种有着与他们截然不同却毫不逊色于他们文明的人民时，他们才会对我们有所尊重。"①

2003 年，那根"政府至上，政府万能"的小辫子还在人们心中。这一年，人们在争论"积极的财政政策何时淡出"。的确，积极的财政政策已经实施了 5 年，遭受"非典"意外冲击的经济开始进入快车道，温州炒房团、煤炭炒房团已经杀到上海，经济政策再不转型，就有可能再次犯"顺周期"调控的错误了。

针对房地产是否过热的问题，央行和国务院"打了一次架"。央行认为，房地产存在过热至少局部过热的情况。国务院随后发文，肯定房地产是国民经济的支柱产业，运行良好。

对于温州炒房团，大家知道，这是温州多年来财富积累的结果。但为什么又会有一个煤炭炒房团呢？

2003 年 3 月 20 日，第二次海湾战争爆发，随后美国人俘获了伊拉克总统萨达姆并将其处以极刑，名义上的理由是伊拉克有生化武器。实际上，真正的原因是萨达姆宣布石油交易用欧元结算。此举威胁到了美元的国际地位，美国人当然不同意。炮声一响，国际油价急剧上升。而石油的替代品，是煤炭。石油价格上升，煤炭价格随之上升，中国的煤矿日夜运转，运出来的不是黑色的煤炭，而是白花花的银子。煤矿主富了，煤炭炒房团来了，房价涨了！

1993 年，十四届三中全会通过《中共中央关于建立社会主义市场经济体制若干问题的决定》。2003 年，十六届三中全会通过《中共中央关于完善社会主义市场经济体制若干问题的决定》。"完善"应有之义，应该在于心，在于根除一些人心中的"小辫子"。

注释：

① 《辜鸿铭文集》，长沙：岳麓书社 1985 年版，第 45 页。

2004 · 住房市场：背房贷的"青椒"

由于没有享受到分房福利，我一直租住在学校两卧一小厅的周转房里。由于上有老下有小，如此蜗居，别说是书房，我连一张专门的书桌也没有，电脑桌也只是随意摆放在一个角落。我乃"青椒"（青年教师的谐称）一枚，居住空间扩大就成为边际效用最高的事情，也是最为急迫的事情，这就是刚需。

其实，在2001年，单位附近就有一个新开的楼盘，均价每平方米4 000多元，是一个不错的选择。我有需要，但没有支付能力，需要就没有转化为需求，于是错过了。穷，就是钱少，就是收入预算约束线比较靠左，消费组合选择空间小。我刚参加工作，工资还比较低，而且低得超乎想象，增收成为第一要务。作为一个青年老师，增收只能靠知识变现。

知识怎么变现呢？我赤手空拳来到广州，没有社会关系，没有课题和项目，职称没有提升，很难形成多元化的收入体系，赚钱只能靠讲课了。讲课，成为当时"青椒"知识变现的主要途径。当时每逢周末，我基本上都是在讲课或者去讲课的路上，这是绝大多数"青椒"的生存之路。

在生活面前，诗和远方都是奢侈品，虚无缥缈。为提高生活品质，储备支付货币才是王道。本着增收节支的基本原则，我终于有了一些剩余货币可以支付首付了。2004年，单位附近一个新楼盘开张，我和太太决定把需要转化为需求，尽管就要开始为银行"打工"的生涯了，但按揭贷款是必然的选择。

按揭贷款，就是以未来的收入流作抵押，获得贷款，一次性支付房款。这是一个典型的金融工具，是基于生命周期的经济决策。但对于年轻人而言，未来到底如何，心里是没有底的。尽管每天都在努力工作，但每个月 4 000 多元的房贷，压力还是不小的，尤其是相对当时的工资而言。

这时候，我想起了朱镕基总理 1998 年答记者问时提到的住房体制改革——住房货币化，我切切实实地感受到了。**压力，就是动力，为了美好生活而努力奋斗，这是每一个人都在做的事儿。**

2003 年，当上海房价涨起来时，我还专门组织学生讨论温州炒房团为什么选择上海而不是广州。2004 年 5 月，在面试一位来自上海的研究生考生时，我了解到上海徐家汇房价已经高达 17 500 元了。当时甚为惊讶，心想这房价如果在广州，我们岂不惨了。

生活是最好的老师。当年读金融类的书，对没有实践过的金融工具，总想弄清楚其逻辑，但始终还有些不太明白，按揭也是如此。

读博期间，我有一段时间对消费信贷很感兴趣，了解到美国住房信贷资产证券化已经 30 多年，而这个金融衍生品到底是怎么回事，却始终没有搞清楚。结果，在广州一买房，按揭的所有东西都懂了。就像当年学习汇率，对汇差变化及其影响不甚明了，后来出一趟国，就全明白了。

买房的经历让我突然发现，金融是个好东西。金融就是这样，可以让今天和明天的价值进行交换，金融可以成为折现器。多年后，读诺贝尔经济学奖获得者希勒的《金融与好的社会》一书时，我一下子就想到 2004 年买房的经历了。

幸好，我在 2004 年买房了，若等此后的房价扶摇直上时才买，那就"压力山大"了。这要感谢蜗居出租房使我有了购买动力，感谢金融工具使我有了购买能力。

其实，我第一次和房子打交道是在 1986 年。1986 年，由于享受了"农转非"（农业户口转非农业户口）的政策红利，我从河南农村老家来到父亲工作的西北地区一家企业，开始新的学习与生活。由于企业住房有限，我们这些新农转非户需要自行解决住房问题。

当时拥有住房的家庭都是享受了单位的福利，实物分配，免费居住，所有权归国有（营）单位，使用权归家庭。住房实物分配，是由家庭人口规模、夫妻双方工龄、行政级别及职称等一系列参数决定的。

当时的西北地区，住房货币交易市场的发生，既不可能也无必要。拥有住房的家庭居住面积有限，没有剩余面积可以出租。即使有剩余面积出租，新农转非户也没有支付能力来租房居住。所以，新农转非户自行解决住房问题，既不可能靠租房，也不可能靠买房。那就只有一条路：自己建房。

父亲和朋友一起在山脚下找了一块相对合意的土地，算是选定了地址。当然，山脚下的土地是免费的。当时每周单休，一到星期天，父亲就带着我们到山脚下平整地面、打地基，再有挑水、和泥、打土坯，砌墙、上梁、封顶、抹墙面、铺地面等。经过几个月的辛劳，由三间小卧室和一间小厨房组成的土坯平房就建成了。经过数周的晾晒，我们一家人就入住了。后来，家人一起努力，又把院墙砌起来，陆续在两侧建了小房，种了一棵香椿树、一棵梨树、几藤葡萄，颇有一些四合院的风情。

这套土坯平房，是用来住的，只有居住属性；它不是用来炒的，自然没有金融属性。这套住房的所有权和使用权是合一的，都是归我家。我的初三时光、高中岁月，都在这儿度过。

　　1990 年年底，我家终于享受了单位的福利，分到了一套房子，两房无厅，免费居住。当时，北方的房子多没有专门客厅，主卧往往兼作客厅。由于兼具客厅功能，家用电器多数摆放在主卧房里。

　　随后，土坯平房借给朋友临时居住。当然免费，这是很自然的事情，当时的社会还是崇尚"义大于利"的价值观。再后来，父亲把土坯平房卖了，仅仅卖了几百元。听说是卖给了一位种植蘑菇的朋友。这套平房因此具备了金融属性，可以变现了。此时并没有住房货币交易市场。这套平房的金融属性，只是从居住地产很偶然地变成了产业地产而已。

　　1993 年，实物分配的住房开始交租金，使用权开始收费了，这引起了企业职工巨大的争议，但最终都接受了这一事实，人们感觉到"父爱主义"正在悄然消退。单位福利体制的悄然解体，使人们意识到，未来预期支出刚性增长，"没有钱"是最大的风险，人们直接或者潜意识地按照整个生命周期进行跨时均衡消费了。所以，尽管 1994 年通货膨胀率超过 20%，但没有发生抢购风潮。抢购风潮的实质是怕物价上涨后"钱不值钱"。1988 年发生的抢购风潮，就是人们担心"钱不值钱"，而不是担心"没有钱"（当时国有企业有"铁饭碗"）。从怕"钱不值钱"到怕"没有钱"，居民的消费行为，从相对收入（攀比炫耀）模式，自然而然地演进到生命周期（跨时均衡）模式。所以，冰箱被搬离主卧兼客厅，来到了厨房。

　　1994 年，父亲花了 4 000 多元，把房子买了下来。4 000 多元在当时可是一笔巨款，父亲一年的工资都没有这么多。从免费到交租金，从使用权付费（租金）到所有权付费（购房），以实物分配为主的福利体制真的开始变化了。这为 21 世纪初期住房商品市场的形成与快速发展做了很好的铺垫。

　　30 年弹指一挥间。2017 年暑假故地重游，这套土坯平房的房顶已经坍塌，成为残垣断壁。我身处其间，思绪万千，房子本身是居住物，如今已成套利资产。这本身没有对错，只是时代变迁的产物。

　　只是没有想到，1986 年的自建房，是我人生第一次和房子打交道，也开启了和房子打交道的人生起点。

2005 · 独生子女：穿越时空的"月光光"

2005 年的一天，几个学生找到我，给我一篇研究报告，请我帮忙修改一下，说准备参加全国的"挑战杯"学术作品比赛。报告的题目很有意思——"20 世纪 80 年代初出生的大学生生育意愿调查"。

的确，1982 年正式实行计划生育政策，假如 1983 年出生，第一代独生子女将在 2005 年前后进入职场，随后步入婚姻殿堂。这一代人的行为和发展，关系着祖国的未来。学生们敏锐地抓住了一个重大现实问题，真是可赞！

这几个学生调查了全国 9 个省份 21 所大学的 4 000 多名大学生，结果令人吃惊：多数大学生不愿意多生；部分大学生不愿意生；部分大学生甚至不愿意进入婚姻的殿堂。虽然只是一个抽样调查，但第一代独生子女的生育意愿不强，确实是现实。第一代独生子女主动"不生"，会产生什么影响？看着报告，我陷入沉思。

2004 年某一天，我曾教过的一个毕业生从外地出差到广州，请我和他的几位在校同学一起聚餐。吃完后，这位同学结完账，其他同学按照平摊数额付给这位同学，"义利"分开，十分坦然。

我不了解 AA 制，从来没有实践过 AA 制，但我一下子理解了 AA 制的优越性：各付各的，自用自付，心安理得，免得欠下别人请客吃饭的人情债。自用自付、互不相欠，这是真正的市场理性计算。这份坦然，肯定是多年形成的，第一代独生子女，一定是流行 AA 制的。从我们到他们，AA 制从不被知道、不流行到坦然被付诸实践、流行，市场的理念正在深入到年轻人的内心，这是市场经济体制逐步完善的心理基础、社会基础和人口学基础。

随着 20 世纪 80 年代初出生的第一代独生子女进入职场、成立家庭并生育孩子，很多行为模式都发生了变化。这一年，法国巴黎百富勤公司发布的研究报告认为，进入消费年龄阶段的中国独生子女，有可能给中国带来第三次消费高峰。他们追求消费，不注重储蓄，成为"月光族"，还"乐意花父母的钱"。随着第一代独生子女进入职场，"月光族"果然出现了，他们月月花光。

回想 1980 年以前，在那个低工资和单位福利有保障的时代，也是月月花光，大家都一样。

20 世纪 80 年代，随着国有企业放权让利，单位福利有所加强，员工收入增加，大家开始进行炫耀式消费，攀比式消费升级。90 年代，国有企业盘活存量资产，员工职位不稳定，收入充满着不确定性，大家开始进行整个生命周期跨时均衡配置消费资源。2000 年前后，独生子女开始出现了月月花光的现象。这与 20 世纪 80 年代以前的"月月花光"性质完全不同了。我们必须理性地面对这个飞快变化的世界，这个行为模式多元化、代际差异极大的世界。

看到这份报告，我想到一个极为重要的问题：谁为我们这一代人养老？独生子女不愿意生了，人口老龄化越来越严重了。老人们的退休金是靠在职的人所缴的养老金来支付的，有点现收现付制的意思。的确，社保账户的"空账运行"，是个人所缴社保金的所有权和使用权在时间上的分离。如果使用权的时间差和人口年龄结构变化匹配失衡，那么我们的未来就充满不确定性了。

如果第一代独生子女是"月光族"，其储蓄意愿低，货币剩余少，而老人们基本上是负储蓄，花以前的储蓄，这样，整个国民储蓄额就会很低甚至可能为负，那社会扩大再生产的资金从何而来？

1994年，美国世界观察研究所所长布莱斯·布朗（Lester Brown）写了一篇文章《谁来养活中国》（*Who Will Feed China*），他提出一个问题，21世纪，谁来养活中国人？因为中国人口众多，会吃光全世界的粮食——这是国际上较早出现的"中国威胁论"。10年之后，中国的"月光族"，如何养活中国的退休老人？这也是一个问题。

2006 · 职业精神：那灿烂的微笑

2006 年 10 月，我第一次走出国门，到美国几所高校进行若干天的学术访问。人生第一次出国，总是有些激动，记忆自然深刻。学术交流的内容因时间久远，有些记不得了。但最令人难忘的，是接待人员那满脸灿烂的微笑。

我们刚进校园就看到满地跑的松鼠，像是来欢迎我们的，我在心里默默地想，希望我们的到来没有打扰松鼠快乐的生活。麻省理工学院斯隆商学院的一位外事秘书首先迎接我们的到来，这位外事秘书是一位非常祥和、从容的女士，50 多岁。这次访问，一直是由她负责联系沟通，包括商议具体交流安排和时间细节。

她一见到我们，脸上就露出了亲切灿烂的笑容，这使尚未倒过时差、略感疲惫的我们如沐春风。她的热情让人感觉到她很期待我们的到来，她甚至可以叫出我们每一个人的中文名字。她引导我们到会议室，把各种材料和时间有序地安排布置好，一切有条不紊，不慌不忙，交流顺利而有效。交流结束时，我们送上单位的纪念品——具有中国特色的、透明的、内嵌邮票的镇纸，颇为精美。她爱不释手，露出孩子般的纯真笑容。

外事秘书的笑容为何如此灿烂？

我后来明白了，微笑的背后是职业精神。她是发自内心地享受这份工作，发自内心地要把这份工作做到尽善尽美，为到斯隆商学院的每一个人提供好的服务。这就是我们常说的工匠精神。工匠精神，体现在社会的每一个角落。我们生活在一个相互打工的社会里，每一个人努力把自己那份工作尽心尽力地做好，这就是工匠精神。

为社会提供更好的产品和服务，是市场经济的本质要义。深入骨髓的工匠精神是发达市场经济的标志。外事秘书那灿烂的微笑和她的工匠精神，使我们记住了斯隆，记住了麻省理工。这种品牌效应，来自工匠精神。

那张笑脸，就是市场经济的参照系，是一个单位竞争力的体现。关于市场化的程度，国内学者做过一些测算，甚至有些学者推算出我们会在未来多少年赶上发达市场经济国家。但市场化的质，就是那张笑脸，那张每个人发自内心的笑脸。如果我们经常看到一张张苦大仇深的脸，那不可能是发达市场经济的。

想一想，我们到很多部门办事，如果看到的都是"苦大仇深"的脸，就应该知道，中国市场化的路还很长很长。小平同志说得对，我们还处在社会主义初级阶段。

人生第一次出国考察，新鲜的人，新鲜的事，新鲜的景，新鲜的物，很多事情记忆深刻。在去程飞机上，空姐一开口那一串串的英语，着实检验了一把我的听力和口语。另外，在返程飞机上，碰到一个旅游团，令人难忘。

这个旅游团中，既有老人，也有年轻人。他们兴高采烈地分享着数码相机里的照片，其中不少是在纽约乘船参观自由女神像的照片。看来，自由女神像活了，彻底被资本化了，带来了源源不断的现金流。想当年，法国人将这一礼物送给美国人，以纪念独立战争100周年，未料到给美国人送上了一支持续的现金流。

旅游，就是把资源资本化的过程，就是带来现金流的过程。旅游团参观自由女神像，相当于我们进口了旅游服务和旅游资源。一个地方，要想发展旅游业，必须要有可以资本化的资源。而很多资源，多是历史资源。祖上的很多东西，都有可能带来可持续的现金流。所以，历史是不能忘记的，历史是不能随意摧毁的，历史是需要保护的。

这么多国人出国旅游，表明旅游已经成为国人的消费需求，国人消费开始升级。我突然联想到，2003 年以来，校园里的私家汽车逐渐多了起来，以至停车的地方很难找。这是继家电消费升级之后的又一次消费升级。中国似乎很快就进入了汽车社会。在进入汽车社会的同时，居民消费很快奔旅游而去，这一消费升级的冲动，似乎来得更猛烈一些。

2007·股市疯狂：追寻"下金蛋的母鸡"

除夕夜，虽然在广州不一定流行看春晚，但我还是比较关注春晚的。2007 年的春晚，令人记忆深刻的是那"黑色三分钟"——零点倒计时阶段，六位主持人有点激动，有点惊慌，像相互传染一样，接连出现了失误。屏幕前的我们，一阵嘻哈，看来 2007 年有点不平凡。

那天晚上，那首叫《桃花朵朵开》的歌令人有点心动："我在这儿等着你回来，等着你回来，看那桃花开。我在这儿等着你回来，等着你回来，把那花儿采。暖暖的春风迎面吹，桃花朵朵开……"

经历了 1996 年股市疯狂的人们，10 年之后，终于又一次迎来了"桃花朵朵开"的现状。2007 年春天，有一位朋友卖了单位里的房子，20 多万元买，80 多万元卖，赚了一笔。因为他知道，钱生钱方是正道，随后，他持卖房所得的 80 多万元进入了股市。

其实，自 2005 年下半年股权分置改革以来，就有跨国研究机构预测，中国股市的春天可能要来了。2006 年下半年，中国的股市蠢蠢欲动，开始上涨。2007 年春节过后，沪市很快从 2 200 多点涨到 3 300 多点，短暂徘徊后，又很快涨到 4 000 多点，涨势波涛汹涌。5 月 30 日凌晨，出现了"半夜鸡叫"的情况：证券交易印花税突然从 1‰上调至 3‰，股市暴跌约 500 点。但很快继续上涨，8 月 20 日左右升至 5 000 点，到 10 月份达到最高点——6 124 点。

从 2006 年年底到此时，整整一年，股市桃花朵朵开，每一个股民面若桃花。股市，调动了全民的热情。这是第二次全民炒股时代。

1996 年第一次全民炒股，只是一次启蒙。2007 年第二次全民炒股时，人们的心态更加不同了。

此刻，人们都已经知道，你不理财，财不理你；仅仅靠工资收入较难致富，还是要靠财产性收入。

的确，一个"钱"字，牵动着世人的心。人们常说：钱不是万能的，但没有钱是万万不能的。何谓钱？人们在意的钱，有何不同？"你挣的钱好多呀！"此处的"钱"是何意？这是说你月薪很高。月薪，是一个流量，是你一个月的劳动付出获得的钱。"你家真有钱呀！"此处的"钱"是何意？这是说家里财富多，资产积累丰厚。财富，是一个存量，是一个家庭多年来积累的"钱"的表现。

在大中城市里，一个白领月薪两万元，但没房子；一个老人退休金两千元但拥有五套房子，谁更富有？无法回答，月薪（流量）与财富（存量），口径不同，没法比较。但很多人会认为，老人更富有。

可见，此"钱"非彼"钱"。一个人要想有钱，一方面，要靠自己的能力，靠自己稀缺的、较高的生产率，获得较高的月薪，获得高流量；另一方面，要靠节约、积累、理财，获得较多的财富积累，获得高存量，并实现"钱生钱"，获得财产性收入。通俗地说，就是要靠干活挣钱，还要靠"钱"挣"钱"。**高薪诚可贵（劳动力市场对你的认可），财富价更高（可能获得持续性的收入流）**。

新古典增长理论中的黄金律法则是：吃掉你的劳动所得，存起你的资本收益。此话甚有道理，劳动所得，保障你有一个体面的生活；资本收益，促使你逐渐变成富人，变成有产者。

关键是，何谓有产者？假如你是名牌大学毕业，任公司高管，年薪超过百万元，出差坐的都是商务舱，全世界飞来飞去，住着豪宅，在公司里可以"指点江山，挥斥方遒"。总之，意气风发的你，是一位令人"羡慕妒忌恨"的成功人士。你是有产者吗？To be, or not to be, that's the question.

1867 年 9 月 14 日，马克思的《资本论》首次出版于德国。2017 年，恰好是《资本论》出版 150 周年。有人说，如果没有《资本论》，就没有今天的世界。马克思说，资本只有一种生活本能，那就是增殖自身。这里"增殖"的"殖"，是繁殖的"殖"。马克思说，资本的合乎目的的活动只能是发财致富，也就是使自身增大或增殖。马克思还说，必须超越物理学的界限，去接触那只"下金蛋的母鸡"。

你有没有那只母鸡？有，就是有产者；没有，就是无产者。你是有产者还是无产者？你是否在一直追寻那只"下金蛋的母鸡"？

股市似乎就是那只"下金蛋的母鸡"。人们相见，必谈股市。餐桌旁、电梯里、马路上、地铁中，经常可以听到"今天又涨停了"等欣喜和激动的话语。但谁能想到，2008 年 10 月，股市跌到 1 600 多点，好一个过山车似的疯狂。此刻，桃花已凋零，股民面若冷霜。那位朋友，持 80 多万元巨资进入股市，只剩下 20 多万元，真是"一夜回到解放前"。但此时，20 多万元已经买不回那套房子了，而那套房子已经超过 100 万元了。

这一年，令人印象深刻的是面对物价飞涨、股市泡沫，央行十次提高法定存款准备金率，六次加息。正常情况下，每一次紧缩性的政策出台，第二个交易日，股市该应声下跌。但 2007 年的股市有些像当年春晚"黑色三分钟"那样不平凡。十六次的紧缩政策过后，有十多次在第二个交易日时，股市都是应声上涨，只有几次下跌，但下跌后很快又上涨，丝毫不把政策放在眼里。谁有这么大能耐接这样大的单子，把政策玩弄于股掌之间？

这一年，是我接受媒体采访最多的一年，是我深入研究宏观金融的一年。机构的力量，国际热钱的力量，国内热钱的力量，各个利益集团联手了，政策也就只能是政策而已了，政策的"面子"抵不过利益集团的利益"里子"。利益集团就在我们身边，看不见，摸不着，但是他们的手一挥舞，就会影响到百姓的钱袋子。

奥尔森《国家兴衰探源》所讲的"分利集团"，似乎已经出现。市场经济已进入新阶段，资本的力量已经彰显。

2008·应对危机：谁是"四万亿"的受益者

2008 年 7 月中旬，广东政府有一个经济管理部门召开专家座谈会，讨论未来广东物价的走势与应对措施。可以看出，部门领导对物价上涨形势比较紧张，因为广东 6 月份物价涨幅比全国略高，大家担心通货膨胀会愈演愈烈。座谈会上大家各抒己见，出谋划策，领导们不时插话交流。广东政府部门领导对知识是比较尊重的，我想这是广东连续近 30 年 GDP 总量位居全国第一的原因之一。

我的发言有些另类，"各位领导，不必紧张。广东物价涨幅高于全国，对广东而言是好事情，对全国而言不一定是坏事情，因为广东一直是引领全国经济形势的城市。如果全国高，广东低，倒有点不符常规，甚至可能影响广东别的经济指标，比如税收。更为重要的是，现在通胀比较高，谁知道下半年会出现什么情况，或许可能出现通货紧缩呢。现在处在一个比较微妙的时刻。下半年，我们可能担心物价下跌过快了"，"美国那边次贷危机的冲击已经显现。美国经济周期对中国经济周期的冲击，即将全面显现"。领导听了很是诧异，但也很高兴，因为不必为"广东物价高于全国"而紧张了，可以向大家解释了。

下半年果然风雨突变。2008 年 11 月初，我到海南参加中国改革国际论坛。会议云集众多专家学者，还有各地发改委的官员。我很喜欢与各界人士交谈（每一个人都代表着其身后的一片天，通过交谈，有时候会打开心灵的另一扇窗），由交谈得知，会议结束后，许多官员将赶赴北京。这是各地发改委官员一个趋同的行为！

我忙问，为什么那么急急忙忙去北京？对方答，要马上到国家发改委申报项目。"跑部钱进"又一次轰轰烈烈上演了。这就是著名的"四万亿"计划。这是典型的逆经济风向调控。

任何政策，都是利益的分配书。中央部委的分配性努力，引导着各地区的生产性努力。中国经济发展在一定程度上是随着各地区的竞争而持续推进的。各地方政府，大多推行政府公司主义；各地方官员，就是企业家式官员。地方兄弟竞争，都是生产性努力，这算是中国的幸事了。

此刻，在太平洋彼岸，美国联邦储备委员会第一轮量化宽松政策已经出台，扩张性货币政策的旗帜正在挥舞。过去五年，中国的货币政策有些疲软。毕竟巧妇既难为无米之炊，更难为无锅之炊——中国货币政策传导机制的"锅"尚未形成。此时，更为直接的财政手段或者行政手段，即将大步流星地出台了。

几年后，有人诟病"四万亿"计划，说是延缓了我国经济结构的调整，导致了后来的"刺激政策消化期"。只能说，逆风向调节的方向是没有错的，具体政策细节，则各说各有理。但任何政策总是有人受益，有人受损。申请到项目的地区或得到项目比较多的地区，自然受益；因为项目产业链而就业或收入增加的人们、因为"四万亿"计划应该倒闭却没有倒闭的企业，自然受益。试想，如果没有"四万亿"计划，不知道现在的中产阶级，有多少还徘徊在中产阶级的边缘。

那么，谁是受损者呢？被"四万亿"计划挤出去的项目及其背后的人们，自然受损。因后来产能过剩而痛苦不堪的企业，自然要经受长痛，但历史不能假设。如果没有"四万亿"计划，我的生活会怎样？我需要好好想一想。

第五章

风景妖娆（2009—2018）

市意铿锵：竞合无限

2009·政策效应：早生华发

2010·世博风情：世界真的是平的

2011·互联时代：一切皆有可能

2012·信仰力量：两只看不见的手

2013·成熟市场：不收红包的婚礼

2014·市场决定：又一个春天的故事

2015·杠杆效应：疯狂的楼市和股市

2016·全球竞争：深化供给侧结构性改革

2017·全球秩序：市场经济地位和地区差异

2018·时代即人：迈向未来

市意铿锵：竞合无限

2009 年，一个新的起点。这一年，中国的 GDP 全球占比接近 9%，GDP 总量超过日本，位居世界第二。这是全球化进程中具有决定性影响力的大事件。即使在全球发生金融危机的大背景下，中国 GDP 占世界经济比重依旧保持着稳定增长，2017 年全球经济占比达到 15%。

其实这是产业发展的必然结果。2008 年，中国制造业产值超过美国，居世界第一，结束了美国近 110 年制造业世界第一的光荣历史。制造业是中国成为世界有影响力大国最重要的经济基础。我们拥有 39 个工业大类、191 个中类、525 个小类，成为唯一拥有联合国产业分类中全部工业门类的国家。

2008 年的金融危机，带来了全球经济社会大转型。环顾全球，美国"再工业化"、欧洲主权债务危机引起的对实体经济的反思，都提醒我们：必须高度重视实体经济对一个国家（地区）经济安全与经济发展的重要意义。回顾历史，近 400 年来，在全世界发生的所有金融危机和货币危机的背后都是实体经济的危机，都是制造业的危机。近现代世界经济发展的主题是工业化以及由工业化带来的城市化，这一进程将持续下去。党的十八大报告明确提出："牢牢把握发展实体经济这一坚实基础，实行更加有利于实体经济发展的政策措施。"中国的强国战略正是紧紧围绕这一主题。

纵观世界历史，一个国家（地区）在全球化进程中与其他国家（地区）的互动，决定了一个国家（地区）的发展趋势与未来前景。

中国全面拥抱世界，通过全球化与其他国家良性互动，逐步实现复兴伟业。

全球化时代，"蝴蝶效应"①无处不在。"黑天鹅"②防不胜防，"灰犀牛"正在阔步。人们面临一个前所未有的快速变化的新时代。

2008 年美国发生次贷危机进而出现全球金融危机，2009 年欧洲发生主权债务危机，外部的持续冲击，使中国国内经济形势骤然而变，一瞬间，通胀变通缩，"四万亿"刺激性经济政策开始实施了。逆经济风向（逆周期）调控，不得不因时而动。

全球化时代，是一个永远在线（Always on）的移动互联网时代，万物快速更新，一切都在快速变化，每一个人，每一家企业，每一个地区，每一个国家，都随时随刻面临着"Present Shock"（当下冲击）。"世界是平的"，托马斯·弗里德曼说得没错③。中国的电商快速前行，开启了自由人自由联合的时代，市场无处不在，市意风行，颠覆了人们对传统市场的认识。

全球化时代的宏观调控，对于中国，对于世界，都是一个新的命题。当全球市场一体化了，当价值链全球分布呈网状结构，宏观调控政策的全球协调，成了一个更大的命题，挑战着人类的有限理性。

更为重要的是，全球化、移动互联、人工智能化发展，使货币电子化势不可挡，资本市场一有风吹草动，便会引起惊涛骇浪；股市的骤起骤落，楼市的轮番上涨，一再突破人们的心理底线。人们的认知，有一些滞后于市场了。

此时，经济周期，金融周期，呈现出分分合合的趋势，传统的货币政策难以应对这愈发复杂的形势，宏观审慎管理的政策体系逐步登上舞台。

中国的市场经济迈入全球化时代，必然面临着竞争与合作的曲折过程。

目前全球经济社会处于大转型时期。全球都在追寻企业家，都在追逐资本，都在追逐高端生产要素。全球化"融资"与全球化"融智"的时代来了。

注释：

①美国气象学家洛伦兹（Lorenz）1963 年提出蝴蝶效应（The Butterfly Effect）：事物发展的结果，对初始条件具有极为敏感的依赖性，初始条件的极小偏差，都将可能引起结果的极大差异。他举了个形象的例子：一只南美洲亚马孙河流域热带雨林中的蝴蝶，偶尔扇动几下翅膀，可能两周后在美国得克萨斯州引起一场龙卷风。此后，"蝴蝶效应"之说不胫而走。

②黑天鹅事件（Black Swan Event）指非常难以预测，且不寻常的事件，通常会引起市场连锁负面反应甚至颠覆。在发现澳大利亚的黑天鹅之前，17 世纪之前的欧洲人认为天鹅都是白色的。但随着第一只黑天鹅的出现，这个不可动摇的信念崩溃了。黑天鹅的存在意味着不可预测的重大稀有事件，它在意料之外，却又改变一切。参见纳西姆·尼古拉斯·塔勒布著，万丹译：《黑天鹅：如何应对不可预知的未来》，北京：中信出版社 2008 年版。

③托马斯·弗里德曼《世界是平的》（湖南科学技术出版社 2006 年版）一书，以独特的视角讲述了世界正在变平的过程，开放源代码、外包、离岸生产、供应链和搜索技术等被描述成铲平世界的十大动力，揭示了一个正在发生的深刻而又令人激动的变化的全球化趋势。

2009 · 政策效应：早生华发

2009 年 3 月某一天，一位同事找担任系主任的我签字。我低头提笔签字时，同事像发现了新大陆一样，惊讶地说："啊呀，金山，你长白头发了！"

出生于 1971 年年底的我，此时刚过 37 岁生日不久，早生华发。我思考了一下，发现了关键原因，都是经济变量惹的祸，都是货币惹的祸！

2002 年以来，国际热钱汹涌而来，外汇卖给中央银行，中央银行被动投放了大量货币。这相当于一场看不见的战争，没有踪影的敌人射出了大量的货币炮弹。央行怎么办？堵不住就要被动回笼货币，把炮弹回收了。否则，货币肆虐中国，物价就要一飞千丈了。

我做过一个学术上的测算[①]，2002—2007 年，央行回笼了大约 30 万亿元人民币的货币量，其中有 21 万亿元是热钱所释放的。也就是说，央行 70% 的精力都用来对付热钱的冲击了，这就是看不见的硝烟，看不见的战争。

面对 2007 年的物价飞涨、股市泡沫，央行十次提高法定存款准备金率，六次加息，为的是平抑经济过热，抑制通货膨胀。2007 年 12 月 21 日，是该年最后一次加息，一年期存款基准利率为 4.14%，一年期贷款基准利率为 7.47%，创了近年来新高。我早生华发，就源于这一次加息。为什么呢？

物价上涨，那是太多的货币追逐太少的商品了。加息，希望把货币量压下来进而把物价压下来，但能把货币量压下来吗？这一次的加息，不但没有压制货币量，反而对形势起到了火上浇油的作用。因为面对如此之高的利率，热钱更加汹涌而来了。

比如，2007 年 12 月 21 日，1 亿美元热钱进来，按照当时汇率 1：7.52，换算成 7.52 亿元人民币，存在商业银行账户上，一年定期后，2008 年 12 月 21 日取出本息，按照当时汇率 1：6.83 换算成美元，则：

$$\frac{7.52 \times (1 + 4.14\%)}{6.83} \approx 1.147$$

也就是说，1 亿美元热钱进来，仅需要存在银行，什么事儿都不用做，就能获得约 14.7% 的年收益。所以，加息和人民币升值，导致热钱更加汹涌而来，中国货币量更多了。

民间借贷利率为官方利率的 4 倍是合法的，所以民间借贷利率超过 30% 就正常了。新劳动合同法使职工福利成本高涨，人民币升值导致企业出口困难，2004 年以来出现的民工荒导致工资成本上升，企业本来就很不容易了。这时候，加息导致企业尤其是中小微企业民间融资成本急剧上升，相当于雪上加霜了。

尽管 2008 年 3 月两会时，有地方政府官员出来辟谣，但 2008 年下半年，沿海外向型经济已是十分萧瑟。企业生存困难，导致劳动力市场风声鹤唳。2009 年 3 月，准备进入劳动力市场的即将毕业的大学生们，连连碰壁，体会到了更多的辛酸。

作为系主任的我劝慰学生："前途是光明的，道路是曲折的。在一生的漫长旅途中，2009 年只是一朵小浪花而已。"不知道这些心灵鸡汤有没有起作用，但说这些心灵鸡汤的我，一着急就早生华发了。

央行应对货币冲击，以加息的方式抑制过热，加剧企业生存压力，劳动力市场形势严峻，大学生找不到工作，转化为系主任的压力，于是系主任早生华发。

宏观如此重要，还是谨慎为妙。

注释：

①刘金山：《非正常资金流入与货币政策独立性》，《学术研究》2007 年第 11 期。

2010 · 世博风情：世界真的是平的

2010 年春天，新疆生产建设兵团的棉农心情沉重；但到了秋天，棉农又笑逐颜开。为什么半年间棉农悲喜两重天？因为那年春天新疆气候恶劣，棉花长势深受影响；未曾想到到了秋天，棉农的收入反倒是往年的 2 ~ 3 倍，棉价飞涨而使棉花销售收入大涨。

我在电视里看到记者采访棉农，问："你知道今年收入为什么这么高吗？"棉农乐呵呵地说："我们也不知道为什么，从电视里听说，有一个叫期货的玩意儿，使我们的收入提高了。这玩意儿，我们不懂。"期货是什么玩意儿？这一切又是如何发生的？

原来，2010 年 8 月 12 日，美国农业部在网站上公布了一条消息——下一年度世界棉花供求预测：全球 2010—2011 年棉花库存减少 4 561 万包，消费量从 1.197 亿包上调至 1.208 7 亿包。这个消息像是一声发令枪，产生了蝴蝶效应：纽约市场投资基金推高棉花期货→国际棉花期货推高国内棉花期货→国内棉花期货推高国内棉花现货→现货收购商推高收购价格→棉农收入倍增。

棉农并不知道地球另一边的美国农业部发布了什么，也不知道期货为何物，但他们的收入因美国农业部的一条消息而受影响。这表明全球化的今天，农户销售的棉花价格已经不再受某时某地供求变化的影响，而是由期货交易所全球统一价决定。这表明产业新模式正在形成：**传统种植或加工制造模式将被"金融 + 种植""金融 + 制造"模式取代。**

2005 年，托马斯·弗里德曼的书《世界是平的》风靡全球。他说得很对，科技和通信领域如闪电般迅速进步，使全世界的人们可以空前地彼此接近，世界的平坦化正在剧烈地改变人们的生活方式。2010 年的中国棉农，充分感受到了这一点！

2010 年，似乎注定中国是世界瞩目的中心。因为 2009 年，中国经济总量已经超过日本，居世界第二。其实在 2008 年，中国制造业产值已经超过美国，成为世界制造业第一大国。20 世纪 90 年代初，中国快速发展，被称为中国奇迹。2010 年，中国又把奇迹推进了一大步。

这一切，需要一个展示的舞台。2002 年，中国获得世博会举办权，就是为这一年做准备的。2010 年，上海成了世界瞩目的中心——世博会来了。国庆黄金周期间，我和家人也到上海去参观了！不论走到什么地方，都是人山人海的，尤其是外滩、城隍庙、南京路。

世博会的场馆、风景各不同。游客的心，也各有偏好。各国（地区）展馆的参观人数，是与该国（地区）的经济发达程度呈正相关的。发达国家的场馆有的需要排两个多小时的队才能进去，而一些欠发达国家的场馆则不需要排队，随时可以进去。

中国馆是必然要去的地方。馆内最顶层，用电子动态屏幕展示着《清明上河图》，宋朝汴京的繁华一览无遗。由宋至清，中国一直是世界的老大，至 1820 年经济总量接近世界的三分之一，之后就衰落了。2009 年，中国回到了经济总量世界第二的位置。

国庆那几天，上海艳阳高照，游客人数众多，椅子不够，很多人就只能就地休息。游客们很多都垫着免费的世博会地图席地而坐。世博会的志愿者很忙，因为很多人问路。其实，世博会地图的导引很清晰，但许多游客似乎没有仔细看地图的习惯。识图，尚未成为一种意识，这真是一种遗憾。要知道，能够靠自己达成目标的人越多，就越能节省社会运行成本。在世界是平的的时代，自助是一种必要的生活技能，人们尚需培养这种意识。

上海世博会，是中国全球化的一个 N 维空间，是一面镜子。世界是平的，市场是无限的。这一年，发生了富士康 13 跳事件，令人唏嘘不已。第二年，富士康宣布生产线上逐步实现机器代替人工，推行机器人。中国的制造业似乎到了一个坎了。世界第一制造大国，有些梦意阑珊了吗？

2010 年，真是一个新起点。

2011·互联时代：一切皆有可能

2011 年 11 月 11 日，周五早上，约了几个学生谈一些学术事宜。结果，几位学生迟到了，一问才知，原来昨天晚上他们熬夜了。为什么熬夜呢？因为当日凌晨 0 时 0 分 0 秒开始，可以在网上抢购东西了，价格比较便宜，比商场划算多了。每个人都抢购了一些。

我问："平时不可以网购吗？"学生说："在这个特定时间，要快，才能抢到更便宜的。"时间就是金钱，真的没错。看来，学生对价格变化还是很敏感的。这是好事，知道理性计算，本能地理性，是市场经济的微观基础。

"抢购"这个词，我好久没有听到了，感觉这是 20 世纪 80 年代的事情。此时的我，尚未养成网购的习惯，真是不再年轻了。但我知道，新事物来了。

原来，从 2009 年起，每年 11 月 11 日，以天猫、京东、苏宁易购为代表的大型电子商务网站，都会进行大规模打折促销活动，这一天逐渐成为中国互联网最大规模的购物狂欢日。电商真是聪明。互联网时代，是自由人的自由联合。让消费者产生购物的冲动，那就把时间约束到极限，"快"成为理性选择，让"零等待"成为现实。的确，鼠标经济，指尖经济，就是要快，实现供给和需求"零等待"。

后来听说，阿里巴巴 2011 年 11 月 1 日向国家商标局提出"双十一"商标注册申请，2012 年取得商标专用权。据报道，2009 年，支付宝交易额约为 1 亿元；2010 年约为 9.36 亿元；2011 年高达 52 亿元。此后，每年都是飞速上涨。2017 年 11 月 11 日全天，天猫总交易额达到 1 682 亿元，产生 8.12 亿个物流订单，覆盖 220 多个国家和地区。京东下单金额达 1 271 亿元。这在传统的市场中，是不可想象的。这是一个崭新的市场，一个崭新的世界。

不由得想起，这个世界，就是三个苹果的故事。人们常说，三个苹果改变了世界。

第一个苹果：在伊甸园，亚当和夏娃偷吃了一个苹果，产生了人类。第二个苹果：牛顿在苹果树下沉思，一个苹果从树上落下，砸在他头上，发现了万有引力定律，从而产生了现代科学，进而发生了第一次工业革命。第三个苹果：在互联网产业发展时代，乔布斯横空出世，苹果品牌系列的智能设备实现了人类社会的"Always On"。

人们的生产方式、生活方式、行为方式，全都发生了改变，同时也使人类进入"看不懂"的新时代，因为一切时时刻刻都在变。三个苹果改变世界，实质是创新改变世界，创新引领世界，创新是世界前进的动力。

人类社会，区域发展差异较大，有快有慢，有的一直较快，有的一直较慢，有的先快后慢，有的先慢后快，原因千万种，创新能力差异是根本原因之一。中国的电商红红火火，中国的制造业产值规模世界第一。

有市场，有生产，这足以令我们自豪，但想起 3 月 11 日，心中又不免有些忧伤。

这一天，当地时间下午 2 点 46 分，多震之国日本遭遇了历史上最强烈地震及最强烈海啸，8.8 级的地震引发最高达 10 米的大海啸。日本的天灾，让人难过，让人悲伤。地震之后的冲击，更让人吃惊——泰国产业链告急，欧洲产业链告急，美国产业链告急，中国产业链告急。急在何处？缺日本的元器件。地震，震翻了全球产业链。原来，日本元器件的全球地位如此之高。

我们是世界第一的制造业大国吗？我需要仔细想想。电商发展起来了，快递小哥多了，制造业的产业工人少了，2004 年以来的用工荒还在持续。如何面对制造业之殇，我们依然彷徨。

哲人说，世界上的水，是相通的。互联网时代更是如此。利比亚前总统卡扎菲，想必大家都知道：1942 年出生，1969 年任总统，担任总统 42 年后，于 2011 年 10 月 20 日被反对军抓住并处死。他可能到死都不知道，为什么会在这个时候被处死，为什么此时利比亚会乱。他不知道，自己的死与一个年轻人有关。

这个年轻人，叫博瓦吉吉，是突尼斯的一个大学生。毕业没找到工作，失业了；为了生存，没办法，摆个地摊吧。城管大哥来了，推翻了他的小货车，扇了他一耳光。博瓦吉吉很生气，又没办法，跑到总统府门口自焚，被路人用手机拍成视频传到网上。

博瓦吉吉为什么找不到工作？这与北非地区的主导产业有关。北非地区的第一大主导产业是石油。作为垄断产业，在北非地区，想到石油产业工作，是需要拼关系的。博瓦吉吉无关系可拼——他来自一个单亲家庭，妈妈有七个孩子，他是老大。无关系可拼，就很难进入石油产业了。

像博瓦吉吉这样的草根阶层，就只能到第二主导产业找工作了。北非地区的第二主导产业是旅游业，如果很多人到北非去看金字塔，旅游业就很旺盛，但博瓦吉吉在旅游行业也没有找到工作。为什么？因为旅游业衰退了！

为什么这个时候旅游业衰退了？因为欧美发生了金融危机，2007 年美国发生次贷危机，2008 年演变成金融危机；2009 年欧洲爆发主权债务危机。金融危机发生，欧美中产阶级的收入下降。收入下降，那就不去北非地区看金字塔了，毕竟，旅游这种消费品的需求弹性是较大的。旅游业衰退，博瓦吉吉就找不到工作了。

如果故事仅仅到此结束，还并不可怕。可怕的是，另一个故事正在上演！由于金融危机，欧美国家的中央银行为了救市，实行了量化宽松的货币政策，向市场中注入了大量的货币。比如，2008年11月至2010年3月，美国的第一轮量化宽松政策（简称QE1），就释放了1.725万亿美元的货币量；第一轮、第二轮、第三轮总计释放了3.6万亿美元的货币量。

要知道，一个基本规律是：资本市场产生熊市后，必然有一个商品市场牛市，资金在资本市场获利回吐后，会到商品市场寻求避险甚至投机！

欧美中央银行因量化宽松货币政策释放的天量货币，有一部分到了国际市场上，推高了国际粮食的价格。据说当时泰国的农民不敢睡在自己家里，要睡在自己家的水稻田里。因为国际粮价上升，他们怕水稻被人偷走了！北非地区博瓦吉吉们的食品，多是进口的。国际粮价上升，生活费用也上涨了。

一方面，欧美金融危机，中产阶级不去看金字塔，博瓦吉吉就找不到工作；另一方面，欧美量化宽松货币政策，推高了国际粮食价格，北非生活费用提高。博瓦吉吉们，就生活在水深火热之中。博瓦吉吉自焚了，卡扎菲被反对军处死了！这就是从小贩之死到他国总统之死的金融危机包括货币冲击的传导逻辑，这就是全球化时代的逻辑。

其实，互联网时代，一切都在变，产业在变，人在变，市场化生存的方式在变。

全球化时代握手互联网时代，一切皆有可能。

2012·信仰力量：两只看不见的手

2012 年，最难忘的是 11 月 15 日这一天。我们围着电视，观看新一届中共中央政治局常委与媒体见面会。当习近平总书记铿锵有力地说"人民对美好生活的向往，就是我们的奋斗目标"时，大家不约而同地鼓起了掌。

的确，每一个人都向往美好生活。从改革开放初期的"摸着石头过河"，到 1992 年十四大提出建立社会主义市场经济体制，再到 2012 年十八大的召开和中国世界大国地位的彰显，人民的生活，发生了翻天覆地的变化。

新时代，新梦想。2012 年，中国站在一个新的起点上，人民对美好生活的向往站在一个新的起点上。电视机前的阵阵掌声，充满着期待，彰显着力量，代表着阔步前行的激情。此刻，中国的市场经济进入新阶段，市场化质的提升需要顶层设计，顶层设计需要微观行为主体的理性互动。每一个人的市场化观念，悄然进入新阶段。

改革开放初期，产品领域的"加工贸易""三来一补"，是我们融入全球经济大循环的起点。30 年后，服务领域的"加工贸易""三来一补"，也开始出现了，而娱乐业早就开始出现了，这是市场先行先觉的力量。教育，在政府财力的支持下，也迈上了国际舞台。因而 2012 年秋天，我到法国巴黎几所高校访问。

出访的目的，就是要知道，世间有什么新东西值得我们学习。古为今用，西为中用，似乎程度不够。我们需要一个全新的世界舞台，一起合作，一起竞争。出访，也是一个系统工程，不仅应了解专业学术，还应了解社会生活。

尽管有难民涌入，但巴黎的居民，笑容还是灿烂的，生活还是祥和的。接待我们的教授和员工，还有学生，从容而有序地工作着，交谈之中明显可以感受到：工作就是工作，学习就是学习，生活就是生活，泾渭分明；工作是有效的，学习是努力的，生活是放松的。走出校门，路人是友善的，是乐于助人的，陌生人之间的微笑是发自内心的，司机主动为路人让路是不急不躁的。

思考市场问题多年的我，突然明白了，发达国家，在市场那只看不见的手之外，一定还有另一只看不见的手，调节着人们的心理。

的确，市场是一个经济社会大系统。系统的核心是人。人是有七情六欲的。人性在善恶之间呈动态复杂变化，善恶之间，既可能是渐变，也可能是骤变。人性的复杂，决定了社会的复杂性，决定了市场的复杂性，决定了历史进程的复杂性。

在这个动态变化过程中，人的那颗心承受了太多，甚至有不能承受之重。更为重要的是，商业文明，工业社会，每一步发展的实质是过程管理，全方位立体式的过程管理。生活中，每一个账单，包括水、电、气是否及时足额付清，关系着你的信用。学校里，每次作业，每一次出勤，每一次测验，每一次发言，都关系到成绩评定。工作上，每一个文件，每一笔财务，每一个项目，都关系到绩效。

社会大系统中的每一个过程，都有记录，都关系着自己的利益，都要小心翼翼，全力奋斗，要好好地自我管理，而这都要靠那颗心脏的跳动。

所以，商业文明，就出现了很多社会病或富贵病，或者说，商业文明综合征。人，总有不可承受之重。每一个人身上，都有自私、虚荣、妒忌、仇恨、贪婪、背信弃义等负面情感，也有感恩、慷慨、正直、勤俭、自我克制等正能量。

抑恶扬善，这只看不见的手就应成为全方位过程管理的舒缓器。看来，亚当·斯密真是伟大！一本《国富论》，一本《道德情操论》，完美地握手了！

《国富论》说，理性人在看不见的手的引导下，促使社会有效运行。看不见的手，像牛顿的万有引力定律一样，是亚当·斯密的贡献。依据这一观念培育出来的市场经济制度，尽管有各种不尽如人意的地方，但迄今为止，却是人类所能找到的、唯一被实践证明能够成功地组织经济活动的制度。

《道德情操论》说，人在追求物质利益时，要受道德观念的约束，不要去伤害别人，而是要帮助别人。利他的道德情操，永远地埋植在人的心灵里。这对市场经济的和谐运行，甚至对民族强盛，都至关重要。

市场，原来有两只看不见的手——一只理性利益之手，一只道德信仰之手。市场化的高级阶段，需要这两只看不见的手。

2013·成熟市场：不收红包的婚礼

2013年春天，我和家人受邀参加在顺德举办的一场婚礼。宾客按照新郎新娘分属，我算是娘家人。这是我有生以来参加的场面最盛大的婚礼。

婚礼当天，新郎新娘满面春风，幸福满满，各佩戴着金银首饰。宾客进入婚礼现场，先与新郎新娘合影留念，照片随即打印出来。宾客们依次与新郎新娘照相，这对新人辛苦并快乐着。

伴随着欢快的婚礼进行曲，婚礼正式开始，新娘父亲携新娘入场，新郎迎候。翁婿礼仪过后，婚宴正式开始。新郎新娘来到了舞台中央，开始互诉心中的爱意。随后进行宣读誓词、喝交杯香槟、交换婚戒等流程，一切欢快而有序！在众人瞩目中，伴随着专业艺人的歌唱，新郎新娘轮桌敬酒，又一次辛苦并快乐着。

婚礼前长时间的策划、准备，与方方面面的沟通和协调，既考验脑力，也考验体力。所以，专业的婚庆公司应运而生。婚庆公司，就是要尽量解除新郎新娘的辛苦，让他们尽情地享受快乐。

每一个细节的考虑、每一个环节的决策都是具体的。一切尘埃落定后，婚礼终于来了。参加这次婚礼的宾客超过120桌（围），即1 200多人。1 200多人的祝福，1 200多人的注目礼，1 200多个面孔与新郎新娘一起灿烂地笑，新郎新娘多幸福！

婚礼中的一个细节，令我印象深刻，让我看到了市场经济成熟的模样！到婚礼现场时，我和家人到处找收红包的地方，竟然没有找到！后来才知道，婚礼不收红包！对新人而言，宾客本人能够到场，就是最大的红包，就是最大的祝福。

婚礼收红包，在以往的习俗中，天经地义。这次竟然不一样了。一场不收红包的婚礼，震撼着一直思考市场问题的我！

市场经济，是人类合作秩序的拓展，突破了血缘、宗法、地域的限制。这一拓展过程中，理性计算则是必然，但理性计算涉及更好的产品和服务，这在人情之外、关系之外。

君子之交淡如水，平平淡淡才是真。婚礼是祝福，是欢乐的舞台，是亲友相聚的舞台，这里没有人情债，更不是关系网。这场婚礼，体现出了市场经济的新境界！

20 世纪 90 年代中期，顺德产权改革，为现代企业制度和按要素分配提供了很好的微观样本。20 年后，顺德的一场婚礼，又为市场经济的情感礼仪贡献了最高典范。

回想起来，我到广州工作以后参加过多场婚礼，几乎每次送上 200 元的红包后，在婚宴尚未结束时红包即被返回，内装 150 元。广东的礼，是轻的；而情谊，是重的。广东人见朋友，一般会带一份手信，例如一盒点心、一盒茶、一束花，不贵重，却有特色，平平淡淡见真情。春节，见到朋友的孩子，则给个利是封，或 5 元，或 10 元。众人高兴。

想一想，我多次出访，多次接待外宾，也是互送一件小礼物，聊表心意。社会的成熟表现之一，就是超越了物质层面，迈向自由的心灵。

2013 年，十八届三中全会《关于全面深化改革若干重大问题的决定》指出，要紧紧围绕使市场在资源配置中起决定性作用的深化经济体制改革。市场起决定性作用至关重要，但不能身陷关系之中。

婚礼，不收红包，这又是一道市场经济的靓丽风景线。

2014·市场决定：又一个春天的故事

2014 年，有一首叫《小苹果》的歌突然火了起来。"你是我的小呀小苹果儿，就像天边最美的云朵。春天又来到了花开满山坡，种下希望就会收获。"市场，就是人们心中的小苹果。

2014 年的我有些激动，因为闻到了市场这个小苹果的阵阵芳香。2014 年，我激情澎湃地解读了整整一年的十八届三中全会的决定，为官员，为企业家，为学生。2013 年，党的十八届三中全会指出，经济体制改革是全面深化改革的重点，核心问题是处理好政府和市场的关系，使市场在资源配置中起决定性作用并更好地发挥政府作用。

市场起决定性作用，这是经济体制改革中的一个"大苹果"。

每次我举办相关讲座时，心里的感觉可以用 2014 年春晚的那首流行歌《倍儿爽》来形容："天是那么豁亮，地是那么广。情是那么荡漾，心是那么浪。歌是那么悠扬，曲儿是那么狂。看什么都痛快，今儿我就是爽！"

一直关心市场发育过程的我，经常看到一些人以市场的名义反对市场，以改革的名义反对改革。

现在，可以好好讲一讲市场这个"大苹果"了。主讲多次讲座后，我发现，人们对中央政策如何影响自己的工作和生活并不是很了解，尽管他们很想了解。

政策出台之后，如何进行更为接地气的政策解释，是一大难题。当然，这也是我的使命。在与企业家交流时，企业家是兴奋的，因为市场的决定性作用似乎开启了一个新的篇章，使企业家时时想起10年前的故事。

2004年8月9日，郎咸平在复旦大学发表演讲，点名指责格林柯尔董事局主席顾雏军收购科龙、美菱等4家公司是民企瓜分国资的一场"盛宴"。顾雏军的强硬回应引发了"郎顾之争"，并迅速演变成一场关于国有企业改革的大论战，进而演变成为关于改革方向、路径的大争论，被称为"改革开放第三次大争论"。这一争论以顾雏军锒铛入狱告终，企业家受到了来自社会各层面的质疑和莫名的压力。此后，国企改制被叫停，国有大型企业改革步调明显放缓。

2008年之后的"国进民退"现象引发诸多讨论，令人唏嘘不已。企业家们不得不理性面对这个飞速变化的世界。

此刻，企业家们看到了市场的决定性作用，都期待着又一个"春天的故事"。

后来，我在和官员交流时，官员好像就没有那么激动了，而是有一些郁郁寡欢，欲言又止。几次交流之后，我明白了，2012年12月中央"八项规定"出台后，一些人由一开始"不相信"到试探之后的"相信"，终于明白中央这一次是动真格的了。

我工作单位对面有一座广州著名的饮食城。2014年，我眼看着它一天比一天衰落，部分饭店关闭了，剩下的大部分饭店开始走平民化路线。我的接待任务也明显减少。这是一件好事情，尽管我知道，任何政策都是利益的分配书，有人受益，有人受损。

我给官员们讲，中央"八项规定"相当于紧缩性财政政策，最后的走向一定是公开、规范、透明的财政预算制度。这是财政制度的取向。每一笔账都清清楚楚，这样，官员花钱名正言顺，不会轻易犯错误，这是制度在保护官员。但很多人觉得，新规定使收入明显下降了，无论是货币收入，还是非货币收入，而这才是关键。

君子爱财，取之有道。"八项规定"，就是要促使人们找到这条"道"。但慢慢地，我发现，十八届三中全会的决定中那些令人激动的内容在现实中的推进是很慢的，甚至有些可能没有什么进展。市场，进入了一个不易前行的阶段。

我想起在 2014 年 2 月 11 日，加拿大联邦政府表示将终结投资移民政策，已积压的 6.6 万个联邦投资移民申请将被拒之门外，其中，5.7 万个申请人来自中国。这条消息刚一出现，立刻引起热议浪潮。为什么如此多的移民申请者来自中国？

其实，这只是中国移民潮的冰山一角。中华人民共和国成立以来，出现了三轮移民潮。改革开放前，一些人跑到深圳，随后偷渡到香港，这是第一轮。改革开放初期，一批留学生不回国以及一批先富起来的人通过投资移民，虽人数不算多，但形成了第二轮移民潮。21 世纪以来，尤其是 2008 年以来，出现了第三轮移民潮。这轮移民潮来势汹涌。更为重要的是，移民的主体是知识精英和财富精英，包括大量民营企业家，与之伴随的将是大量的资金流动，因此，此轮移民潮又被称为"精英移民潮"。

中国有 1 086 万个私人企业主和 3 000 多万个个体工商户，即近 5 000 万人的庞大的有产阶级团队。这个团队，应该是经济社会的活力之源，是企业家精神的摇篮，是经济社会发展的人力资本和产业资本的载体。在改革与转型的关键时刻，如果他们是一群沉默的人，是一群选择用脚投票的人，那将是一个惊人而不可思议的现象。

世界经济发展的历史告诉我们，大国的崛起，必然是公司的崛起；公司的崛起，必然是企业家精神的崛起。可以说，企业家是经济社会发展的微观基础之一。**中国梦的实现，需要企业家创新精神**

的支撑。

当然，移民是自由社会的自由选择。我们应该尊重每一个人的合法选择。移民并不可怕。在全球化的时代，我们也可以全球融智，利用一切可以利用的人力资本。

对有些人来说，移民是一种理性选择。企业家移民的目标函数里，包含了方方面面的东西。但最核心的东西，用一句话概括，应该是"有恒产者有恒心，无恒产者无恒心"。

如何做到"有恒产者有恒心"，这关乎中国梦的实现，重要的是要行动起来。

市场的要义是自由选择。法律不是限制自由，而是为了维护和扩大自由。个体自由的基础是产权。2014 年，十八届四中全会提出："健全以公平为核心原则的产权保护制度，加强对各种所有制经济组织和自然人财产权的保护，清理有违公平的法律法规条款。"目的是留住民营企业家及稳定民营企业家的预期，使之"有恒心"。

全球化时代，人的流动更加便利。如果有一天，世界人民争相移民中国，那么，"中国梦"就实现了，"中国梦"就成了"世界梦"。

2015·杠杆效应：疯狂的楼市和股市

2015 年 6 月的某个晚上，我接到一个已经毕业的学生的电话，他当时在深圳某银行工作。学生说："老师，汇报一下近况，也和您商量一件事情，我想辞职。"我问："为什么要辞职？"学生说："老师，我太累了。我在房贷部门工作，每天加班到晚上 10 点、11 点，身体受不了啦！"我说："健康最重要。那就换一换吧。"后来，这位学生就辞职了。树挪死，人挪活。这位学生很快又找到了非常适合其才华折现的工作。

许多毕业的学生都经常和我联系，谈工作，谈生活，谈大势。感谢学生常和我联系，使我能够充分了解快速变化的花花世界。

我一直在思考，是什么原因导致学生辞职？

深圳房价飞速上涨，2015 年，深圳人都在炒楼，银行房贷业务飞速上涨。为什么这一次，是深圳引领全国房价上涨？我们知道，2003 年，上海引领房价上涨；2009 年，北京引领房价上涨；2013 年后，由新一届政府调控；2014 年房价徘徊，到年底，深圳就开始上涨了。

我思考了很久，搜集了很多碎片化的事实和系统的数据，发现了其背后的原因。到 2013 年底，中国的货币量已经超过 106 万亿元了，钱如此之多，到什么地方去呢？海量的货币在寻求机会，寻求一个撬起市场的机会。

2014 年底，深圳市委书记换了，由广东省委副书记兼任深圳市委书记。这本来是一次极其正常的人事调整，但敏锐的人似乎发现了市场机会。

随后，有传言说，深圳将变为直辖市。于是大量资金蜂拥而来，爆炒深圳。同时又有传言说相邻的东莞、惠州部分地区要划归深圳，于是东莞、惠州房价快速上涨。虽然后来政府辟谣，但资本的力量已经不可逆转，房价开始涨了。从珠海涨，中山涨，珠三角涨，到全国涨。市场在深圳扔了一块石头，却荡起全国的层层涟漪，甚至在部分地区掀起巨浪。

其实，房子这个东西，就是一个"box"，是储存东西用的，当然，主要是储存人，让人居住的。从另一个角度来看，房子可能就是一个符号，一个特定的空间符号。这个符号，如同当年荷兰的郁金香，一旦遇到某种特定场景，其价格可能就飘忽不定了，就会被炒起来。

房子一旦放到市场上，市场就要给它定价。但怎么定价呢？房子上市，不仅仅是房子本身，更主要的是房子周围的公共服务一起上市，即所在的城市配套服务和设施在资本市场上市。货币选票，选的不仅仅是房子，还是城市。所谓级差地租，指的是房子周围的公共服务在市场上的表现。

所以，城市及其背后的公共服务就是房价的锚。不同的城市，货币选票自然就决定了各自的锚在何处，资本可是很聪明的。同一个城市，房价快速变化，一定是因为某种原因使得太多的货币参与追逐，但这个城市的锚可能不会低。

对于当前的房价问题，还是中央说得好："房子是用来住的，不是用来炒的。"住，体现的是房子的自然属性，可以自己住，也可以租出去由别人住。炒，体现的是房子的金融属性，低买高卖，通过价差套利。在自然属性和金融属性之间变换，房价就在市场中变来变去了。

中央说，房子不是用来炒的。这表明，当前房子的金融属性太厉害了，主导了房价，迈入了地产造富时代，要回到自然属性，由其主导房价，让地产造富时代谢幕，获利靠租金。

房子的金融属性为什么会主导房价呢？现在经济系统中的钱太多了，中国人民银行的统计数据告诉我们，广义货币供应量已经超过170万亿元（约27万亿美元），世界第一。太多的钱追逐太少的套利资产（房子），钱潮涌动，钱跑到哪儿，哪儿的房价就涨了。

电视剧《心术》有句台词说得好：其实涨的不是房价，而是货币发行量。此刻，房价上涨，和曾经出现的小众商品价格疯涨以至于出现"豆你玩""蒜你狠""姜你军"等词的逻辑是一样的。哪儿有风吹草动，钱就会"汹涌而来"，但一般不会"澎湃而去"，除非到了非要获利回吐的关键时刻。

房子是用来住的。所以，各地方政府的房地产调控政策，就是要限制金融属性的交易，鼓励自然属性的交易。限制金融属性的交易，限制套利机会，面对巨量货币冲动，市场手段短期内难以达到合意目标，就要寄希望于行政手段了，于是网签受限了，预售价受限了。鼓励自然属性的交易，"租售同权""共有产权"等，就出台了。

但钱潮仍在涌动。解决问题的终极路径，在于如何使交易者及利益相关者发自内心地不从自然属性迈向金融属性，从自己的利益出发，而不再追逐金融属性。如何做到呢？如果交易者及利益相关者无利可图或者获利大幅度减少，就没有动力去追逐金融属性了，那就要形成新的获利规则，金融属性体现的是财产，那就要对财产动手。要挥舞的这只普适之手，就是税。要知道，缴税的"缴"，可是缴枪不杀的"缴"。

未来 3 ~ 5 年内，房产税的靴子很可能落地。现在与房子有关的税，是流量税，有交易则有税收，无交易则无税收。地方政府是希望做大流量的，因而地方政府与中央政府往往"同床异梦"。未来房产税是存量税，即使无交易也有税收，这恰好解决了"营业税改增值税"后地方政府主体税种缺失问题，这时候地方政府与中央政府则容易保持步调一致。流量有限，存量无边。

至于房产税能不能抑制房子的金融属性，则不一定。房产税使套利者的获利空间下降，非套利者的持有成本上升。如果房价快速上升，获利增量大于税收增量，金融属性还会畅通无阻；但非套利者会择期抛售，改变供求格局。

更为重要的是，流量税时代，一次性交易后，房产增值收益，包括公共服务的增值部分，都归房东；存量税时代，房产增值收益的一部分要通过税收流入政府的口袋，即使房价下降，增值为负，也有税收产生。因此，房产税改变的是预期，预期如何影响房价则因时因地而异。

未来 5 ~ 10 年，遗产税或资本利得税的靴子也可能会落地。这比房产税厉害，会更有力地抑制金融属性。展望 2030 年，05 后开始进入职场、进入婚姻殿堂。05 后们继承的数套房产，遇到了房产税、遗产税或资本利得税的问题，金融属性存在的人口学基础就被严重削弱了。金融属性也就不得不向自然属性靠拢了。

"安得广厦千万间，大庇天下寒士俱欢颜，风雨不动安如山。"古人需要的是自然属性，发达经济体多数要的是自然属性，我们呢？马克思在《资本论》（第一卷）序言中说得好："问题在于这些规律本身，在于这些以铁的必然性发生作用并且正在实现的趋势。工业较发达的国家向工业较不发达的国家所显示的，只是后者未来的景象。"①

资本的力量是疯狂的，但还有更为疯狂的。

2015 年 6 月 5 日，周五。下午我给某商会企业家讲经济形势与改革动态。互动时刻，碰到一个问题：未来股市走势如何？的确，2015 年，是第三次全民炒股时代。每一个炒股的人都会关心这个问题。2014 年年底以来，中国的股市开始了前所未有的疯狂。

我说，"股市走势，只有神仙才知道！但可以肯定的是，股市有点疯狂"，"这一轮股市疯狂的主要原因，是配资。百姓可以配资，可以以自有资金撬动数倍的资金进入股市，股市怎能不疯狂"，"政府监管配资之时，就是股市衰落之日。股市一旦衰落，百姓被平仓，将血本无归，一无所有"。

没想到，一语成谶。6 月 12 日，证监会发布了关于监管融资融券的通知。6 月 15 日，股市开盘，从 5 178 点开始下落，至今不复返。后来听说，身边的朋友，朋友的朋友，真的有人被平仓了，几百万元的资金化为乌有。

举个例子，你有 100 万元本金，到配资公司，按 1∶4 配资，你就可以操作 500 万元的股票。一个涨停板，赚了 50 万元，相当于你的本金变为 150 万元，可以操作 750 万元的股票。再一个涨停，赚了 75 万元，相当于你的本金变为 225 万元，可以操作 1 125 万元的股票。这就是乘数的倍增效应，这就是乘数的力量。但反过来，乘数的力量也在发挥作用。

一个跌停板，亏了 112.5 万元，最初那 100 万元的本金就没有了。再一个跌停，又亏 100 多万元。这样跌停下去，就会被配资公司平仓，股票没有了，一切都没有了。没有配资，即使跌停，股票还在；有了配资，被平仓，股票也没有了。

不知道百姓是否还记得，2010 年 4 月 16 日，股市有了股指期货合约。从此，股市的风向变了。此前，所有人都想着股市上涨。此后，有人希望上涨，有人则做空股指，希望股市下跌。一个信仰变了的股市，一个让百姓疯狂的配资市场，交集是必然的，平仓是必然的。资本市场的学费，是极其高昂的。

股市像一面镜子，反映了社会百态，一有风吹草动，立刻剧烈波动，有蝴蝶效应，也有羊群效应。股市，不一定是经济的晴雨表，但一定是一幅百变人生图，喜也，悲也，皆在其中。

2015 年的股市及楼市，都来得有点疯狂。其实，不是风在动，而是心在动，是人疯狂了。经历即是所得。市场，是需要这些经历的，是需要这些记忆的。

注释：

①马克思：《资本论（第一卷）》，北京：人民出版社 1975 年版，第 8 页。

2016·全球竞争：深化供给侧结构性改革

2016 年，有很多事情值得回味。12 月时，企业家曹德旺信心满满地筹划着下一年的计划，畅想着未来的发展，却没有想到自己会以一种"跑了"的方式火起来。一篇题为"曹德旺跑了，宗庆后会跑吗？"的公众号文章火了。文章称，继"李嘉诚卖掉内地房产，撒腿跑到英国去了"后，被称为"中国个人慈善第一人"的福耀玻璃董事长曹德旺也要跑了。

互联网时代，网民的力量甚是厉害。曹德旺由此出名了，这一广告效应，是在中央电视台春晚花巨额资金做广告都换不来的。这已经不是网民第一次质疑企业家跑了。

回想 2015 年 9 月 12 日，新华社旗下的智库机构瞭望智库发表了《别让李嘉诚跑了》一文，批评长和系撤走中国资产跑到欧洲失守道义的行为。9 月 15 日，人民日报海外版官方网站也关注了该文，列举了李嘉诚西进欧洲的举动。

"春江水暖鸭先知"，跑，或者不跑，这是企业家的选择，是基于市场敏感性的理性冲动，没有对或错之分。然而，跑或者不跑对一个经济体的影响都是至关重要的。

至 2016 年，供给侧结构性改革已经推进两年了，有成效，但更多的是疑惑和彷徨。从成效上看，随着"去产能，去库存，去杠杆，降成本，补短板"关键领域具体政策的推进，许多地区和行业供给侧结构性改革取得了一定的阶段性成效。令人疑惑的是，一段时间以来，部分领域出现了价格异常波动的情况，但这能不能归因于供给侧结构性改革？是因为这一改革不彻底，还是因为这一改革本身？令人彷徨的是，"三去"领域面临着纷繁复杂的利益博弈，改革有没有激情、勇气和魄力继续推进？

虽然任何改革都是曲线前进的，但供给侧结构性改革给人们带来的疑惑和彷徨在于更深层次的问题：供给侧结构性改革符合规律吗？顺应趋势吗？理论逻辑如何？现实逻辑如何？所以，2016 年 12月中央经济工作会议强调，深化供给侧结构性改革。

深化的核心是所有产业都要进行供给侧结构性改革。重点之一是推进农业供给侧结构性改革。"一只会飞的猪"（猪肉价格飞涨）让中国经济看起来很美，阿胶业"满世界找驴"，是因为生产能力、生产组织方式出现了问题，规模化、设施化养殖没有与时俱进。没有生产力的提升，猪会飞，驴还是找不到。

通过供给侧结构性改革，让猪满地跑，顺应市场变化，让猪的价格不再飞。深化是必要的，我们无须徘徊。企业家是推进供给侧结构性改革的微观主体。深化这一改革，就要使企业家自发地行动起来。企业家花时间、带资本下乡投资了，可能猪就不再飞了。

环顾全球，商人特朗普当选美国总统，即将开启美国的又一轮供给侧改革。1980 年，艺人里根当选美国总统，开启了以减税为核心的供给侧改革，推动了美国新兴产业的快速发展。而特朗普政策的核心是竞争企业家，请企业家回到或来到美国。这是未来国际竞争的关键。各国都在进行供给侧改革的竞争。

在货币泛滥的时代，企业家才是全世界最稀缺的资源。这是全球的新重商主义时代。让企业家飞起来，让猪不再飞。深化改革，需要这样的探讨！

在全球化时代，正如《地球是平的》一书所言："由于可能发生的事情必定发生，所以今天最重要的竞争发生在我们和我们的想象力之间。"全球化时代，更加需要企业家的创新想象力，更加需要企业家的全球化创新实践。

想象力的匮乏，抑制了服务业的升级。比如，娱乐业是市场的风向标——《中国好声音》的版权来自荷兰，《超级女声》来自英国，《非诚勿扰》来自澳大利亚。无论是工业还是服务业，都需要企业家的创意，企业家的创新精神。

环顾全球，中国的生产权面临着全方位、多层次的剧烈市场竞争，尤其是在互联网与全球化时代。这也意味着经济发展面临的最大问题之一是市场。只有贸易，只有市场交易才能把潜在生产能力转化为现实生产能力，由此为企业带来现金流，才能有增加值，从而有宏观上的 GDP。

经济社会发展世界史表明，市场一直是隐而不显的发展动力，市场是经济社会发展中的公共物品。因此，对我们而言，无论是宏观部门，还是微观企业，都要重树新重商主义的观念。市场＋企业家＝新重商主义。全球在行动。

新重商主义的核心之一就是减税。

可爱的婴儿，在出生的那一刻起，用了人生第一块尿片，就意味着他（她）是纳税人了，因为尿片的价格中包含着税。税种类型多样，有直接税、间接税、流转税、所得税、财产税、增值税、营业税、消费税、房产税……

无论是在生产环节征收，还是在消费环节征收，无论是缴纳个人所得税，还是购买尿片时所包含的税，税归根结底是由消费者承担的。有人说，我国税收总量中，超过 90% 的部分是与企业有关的，个人所得税不到 10%。但要知道，与企业有关的税，最终都会转嫁到消费者身上。消费者担负全部的税，这是放之四海皆准的。有人说，人生在世，只有死亡和税是确定的。这是有道理的，这指出了一个事实，一个从产房开始的事实。

人们说到税的时候，说的是"缴税"，而不是"交税"。缴，代表的是强制性，其背后是有法律作支撑的。如果应该缴而不缴，那么只有等待着的就是法律的制裁。税收法定，可不是玩笑。

我们为什么必须缴税？因为我们的自由依赖于税。有人说，我一切自给自足，自建房，自种粮，自打井，自种菜，与政府不打交道，为什么要缴税？但如果你把生活用水倒入下水道，你就和政府打交道了，下水道是公共物品，是纳税人通过政府而修建的。缴税，当然背后也是交易，纳税人付税，就是要享受到好的公共物品和服务，只不过这种交易是纳税人和国家机器之间的交易。

人们努力工作，是为了美好的生活。每个人为美好生活而奋斗，为社会提供更好的产品和服务。获得收入，才能获得美好生活。勤劳的人们并没有意识到，从早上醒来走出去的那一刻开始，一天的缴税历程也就开始了。多缴一分税，就少了一分可支配收入，收入预算约束线就要向左移动，消费组合的选择空间就缩小了。只有选择范围扩大，才意味着福利的增加。

纳税光荣，人人都是纳税人，人人都光荣！虽然税收可以提供公共服务，但纳税好比把蛋糕切去一块，因此，福利受影响也是真实的，对百姓而言，每个人的收入都是其勤劳和才华的折现。税收就是一种负折现。勤者多劳，能者多劳，收入高意味着税额高。

历史真是有意思，曾几何时，满世界都是"税胖子"。但今日，环顾世界，减税大势已起，税要变成"小蛮腰"。各国虽有纷争，但都悄然行动，未等减税举措尘埃落定，商人的货币选票就已经伺机而动。商人也好，百姓也好，谁不喜欢减税呢？这是一种朴素的意愿！

人们不是不愿意缴税，而是不愿意缴重税。是不是重税政府说了不算，商人和百姓的感受才算。环顾世界，横向比较就知道了；回顾历史，纵向一比较也能知道。更何况，当年设计税率时，考虑到"跑冒滴漏"可能导致征收率低，就把税率定高了，比如，本来应是20%，考虑到征收率，就定为30%，形成高税率、低征收率的情况。现在，随着互联网和智能化，金税工程已经把征收率提高了，若还按照30%征收就不适合了，变成了高税率、高征收率。未来迈向"低税率，高征收率"，这是正本清源。

治大国，就是要为民众提供繁荣与安全的环境。安全（或者自由）依赖于税，而想要繁荣却需要减税，因为繁荣的背后，必然是社会成员的勤劳和努力。社会成员积极向上，是活力的源泉！天道酬勤，减税乃是顺天应民！

2016年，我在各种场合的讲课中，宣扬着这些。

2017·全球秩序：市场经济地位和地区差异

2017 年 11 月 8 日下午，特朗普在当选总统一周年后，来到了北京。他伸出右手和国家主席习近平亲切握手，但他的左手是握着拳头的。这位企业家出身的总统，一向喜欢以左握拳右握手的方式来处理国际关系。

这是特朗普就任美国总统以来首次访华，也是中共十九大胜利闭幕后，中方接待的第一起国事访问。这次访华，特朗普很高兴，他更高兴的是，三天内，中美两国企业共签署合作项目 34 个，金额达到 2 535 亿美元。这创下了中美经贸合作史上的最新纪录，也刷新了世界经贸合作史上的新纪录。

回到美国，特朗普握着的左拳打过来了。这一拳，打得很重。

大家知道，2001 年底，中国加入 WTO。根据中国加入世贸组织议定书第 15 条的相关规定，WTO 成员对华反倾销的"替代国"做法应于 2016 年 12 月 11 日终止。也就是说，中国应该自动获得市场经济地位。但美国、欧盟、日本等均拒绝承认中国的市场经济地位，也未停止对华反倾销的"替代国"做法。

这是什么意思？中国生产的一只杯子，在中国价格为 100 元人民币，在美国为 110 元人民币（经过汇率换算），国内价格低于国际价格，没有倾销。所谓倾销，就是国际价格低于国内价格。但美国人不这样看，他们认为中国是非市场经济国家，政府可能有补贴，所以国内价格低，那就不能用中国的国内价格来判断是否倾销。

那就用新加坡的吧。新加坡同样的杯子为 120 元人民币（经汇率换算），这就应该是中国国内价格了。这一替代国方案，国内价格高于国际价格，那就是倾销了。倾销了则征收反倾销税，10%、20%、50%……反倾销税让中国的产品毫无竞争力。

如果对方承认我们是市场经济国家，具有市场经济地位，那就不是倾销了。这就是市场经济地位的含金量，牵涉到企业和百姓的钱袋子。《华尔街日报》援引经济学家的估计称，美国和欧盟将中国视为"非市场经济"国家，让中国制造商在出口方面损失了几十亿美元。

《华尔街日报》11 月 30 日报道，特朗普政府已正式拒绝中国根据《中国加入世界贸易组织议定书》第15 条获得市场经济地位的要求。美国 11 月中旬向 WTO 提交了这项决定，并提交了一份 40 页的文件。文件称，不管《中国加入世办贸易组织议定书》中规定的条件如何，中国仍要遵守与 WTO 其他成员一样的规则，WTO 成员"有权拒绝非市场经济条件下形成的价格或成本"。

国家之间，更多的是利益关系。

现在，特朗普的拳头挥过来了，但我们如何闪过去？改革开放40 年，市场化改革40 年，我们的市场经济地位何时才能够得到应有的国际认可？

2017 年，国内地区经济各异。这一年，北京大学林毅夫团队发布《吉林省经济结构转型升级研究报告》，报告认为，吉林应转变重工业赶超战略思维而率先弥补轻工业短板，根本出路在于从"违背比较优势型赶超战略"转轨到"遵循比较优势型发展战略"。一石激起千层浪，各路人士纷纷发表见解，或扬或抑，甚是热闹。其实，这场争论是无解的，每个人的逻辑各有不同，即使逻辑起点相同，背后的演绎也是分岔颇多。

我不是东北人，也没有去东北做过详细调研。没有调查就没有发言权，因而我不想参与争论，只是想跳出来谈谈何谓比较优势？这是研究报告观点的根基，也应该是争论的逻辑起点。比较优势，专业人士很清楚，但大众对这个词可能有些陌生。

我喜欢看篮球，但时间有限，每年见缝插针地看看美国 NBA 总决赛。总决赛冠军金州勇士队的库里甚是厉害。那么，问题来了：如果库里打篮球比保姆好，保姆洗衣服比库里好，库里应该干什么？打篮球，还是洗衣服？当然应该是库里打篮球，保姆洗衣服。这一分工，就是绝对优势理论，都干自己最擅长的事儿。

1776 年出版的亚当·斯密的《国富论》认为，绝对优势是产生贸易的基础。库里好好打篮球挣钱，雇保姆洗衣服，保姆好好洗衣服，为库里服务，每一个人发挥自己最擅长的优势，两人之间的贸易就形成了。

如果库里打篮球比保姆好，洗衣服也比保姆好，库里应该做什么呢？打篮球，还是洗衣服？当然还是应该由库里打篮球，保姆洗衣服。为什么？因为打篮球的机会成本（相较洗衣服的收益）小，洗衣服的机会成本（相较打篮球的收益）大。这是比较优势理论。

1817 年出版的大卫·李嘉图《政治经济学及赋税原理》提出了这一理论。库里文武双全，做收益最大、成本最小的事儿，保姆诸事皆弱，只好干自己相对擅长的事儿——力所能及地去洗衣服。两人之间的贸易就形成了。

对库里而言，干的都是自己具有绝对优势的事儿。只不过时间有限，精力有限，库里要在所有具有绝对优势的事中，选择收益大、成本小的事儿干。对保姆而言，只能从自己最擅长的事儿（库里干不好的事），转向相对擅长的事儿（库里干得好但不愿意干的事），尽管都是洗衣服。

说到分工，就要考虑你能干什么，擅长什么；别人能干什么，擅长什么。一旦分工，你和别人之间就产生贸易了。在两者之间拥有绝对优势是很有利的。谁都想干自己最擅长的事儿，谁都想拥有绝对优势。但这不仅取决于你，还取决于对方。如果你拥有绝对优势，那就好好发挥；如果没有绝对优势，那就发挥比较优势。强也罢，弱也罢，总能找到用武之地。因为时间精力有限，强者不可能通吃一切。

请记住，一切都在变。强弱之间的转化，有时候是很快的。绝对优势并不绝对，库里总有打不动球的那一天。随着时间的脚步，可能自身的绝对优势变弱了，可能陷入"资源诅咒"了，可能边际效应递减规律发挥作用了。也可能，别人通过努力培育了自身的绝对优势。保姆可能发愤图强，洗衣服之余好好读书，上了好大学，或许也成了某大型公司的CEO。

东北关于重工业和轻工业的问题，通过争论我们才能清楚，都是活雷锋的东北人和东北地区，最擅长干什么，相对擅长干什么；哪些事儿是先天可以干好的，哪些事情是经过后天努力可以干好的。每一个地区甚至国家，都应该这样想。

当然，地区差距的背后，市意的差距还是挺大的。我所生活的广州，就是一座市意风行之城。2016年，广州常住人口增加了52.4万人，平均每天增加约1 500人，在国内居第一位，远远超过其他城市。所谓常住人口，就是居住超过半年的人口。看来，这是一座活力之城、魅力之城。这座城市应该有着非凡的吸引力，满足着人们对美好生活的向往，满足着人们日益增长的美好生活需要。人们或工作，或生活，乐在其中。

这座城市具有极大的包容性。你月薪 5 万元，有你生活的地方；我月薪5 000元，也有我生活的地方。只要努力，只要不怕辛苦，总有一个岗位和你匹配，天道酬勤。

这座城市，是一座真正的国际之城。无论来自发达的北美、富饶的欧洲，还是来自中东、非洲，似乎总有容身之地，尽管语言有些相互不通，或存在一些社会管理问题，但这座城市容纳的来自"一带一路"沿线国家和地区的外籍人员数量，可能居国内前列。

进入商场，几乎每一个销售人员都颇有王熙凤"丹唇未启笑先闻"的风采，对待顾客十分热情。这座城市的商场和饭店，都深知重复博弈的商誉意义，鲜有一次性博弈的欺诈行为。优质的服务得到折现，这是市场经济"和气生财"的表现！

这座城市的"12345"市长热线可能是最繁忙的热线。反映的问题必有记录，必有反馈。这条热线是一条集思广益的热线，哪儿有交通拥堵黑点，如路线规划问题，拨通热线，交通部门会从善如流。热线增加了城市的流动性，把城市的生产要素折现了。

这座城市的管理部门，对于微小之处也不马虎。有一次，我因研究工作需要查找一组数据，无处可寻，抱着试一试的想法，拨通了某部门的电话，接电话之人不知这组数据详情，便说留下电话，问问情况后回复。本想此事就此了了，谁想第二天我接到了电话，并很详细地被告知了数据所在。也许，管理部门的职员害怕被投诉，害怕被媒体曝光，但正是管理部门的"小"，换来了城市的"大"，管理部门的"弱势"，把整座城市的价值都折现了。

2017 年 11 月 17 日清晨，我接到一个在美国访问学习的朋友的电话，说北方某"985"高校的一位知名教授准备到这座城市的一所大学，拟组建研究团队，盛情邀请我的这位朋友参加。可见知识精英云集而至的盛况持续已久，因为知识可以得到应有的折现。

这座城市，有云山，有珠水，有五彩缤纷的"小蛮腰"，还有霓虹闪烁的花城广场。珠江两岸璀璨的灯光，光彩陆离的游船，不仅仅是一道亮丽的风景线，更是一条光彩夺目的产业链，或者是一幅错综复杂的产业图景，有着源源不断的现金流的产生。灯光，把两岸的美景资本化了，美景折现了。

莎士比亚说：城市即人。每一个人都怀着梦想而来，每一个人都有自己的才华，虽然能力有差异，但人的才华总能找到折现的地方。新时代，尤其需要能将才华折现的地方，需要"流动中的魅力充满着朝气"，有勇气就会有奇迹。而广州是一座真正的才华折现之城。

2018·时代即人：迈向未来

2018 年元旦过后，有位博士生问我："老师，新时代，2018，您最关注什么？"这是一个好问题。的确，每一个人都应该放眼未来，好好想想。2018 年，有太多的事情，值得关注；有太多的纪念日，值得记住；有太多的纪念活动，值得期待。我更期待，政府不是替代市场，而是有更多的政府增进市场的措施出台，并真正实施。

但我知道，人是推动历史进程发展的主体，更应该关注人！然而芸芸众生，世人如此之多，关注何人？更应该关注未来之人，那些 2050 年的社会中坚之人！

这样一群人，伴随着"千年虫"问题而出生的千禧一代，在2018 年就开始上大学了，00 后们离开父母的怀抱，开始展翅了。大学生是中产阶级的候选人。00 后们到 2050 年，恰好是社会的中坚力量。建设现代化强国，00 后责无旁贷。

然而，我们懂 00 后吗？一位大学同学，一位投资人，一个资本舞者，说过一句很经典的、他自己深有体会的话：只有 90 后才懂 90后。的确，我们 70 后，都是在贫穷时代成长起来的；90 后，绝大部分都是在富裕社会中成长起来的。不同的时代，不同的人，必然有着不同的思维方式和行为方式。

现在，我们即将面临的，是 00 后的时代。富裕社会成长起来的00 后们，面临着一个更加纷繁复杂的世界——家庭的过度温情，社会的过度竞争，以及一个稍显撕裂的社会。自然界没有跳跃。不知道 00 后们能在多大程度上，改变这个世界。

这个世界，变化如此之快，以至于人们满眼都是"现在"，一切都是"现在"，所见都是"现在"。人们似乎都成了凯恩斯的信徒："就长期而言，我们都死了。"②我们正在低估未来，而且低估的程度远远超过前人。我们不能丧失大历史观，不能丧失长期宏观大视野。低估未来，就可能意味着我们的子孙后代在很大程度上将面临灾难！

对任何人而言，昨天即是历史，我们今天的行动就是为了未来。未来收入流的折现，是我们今天选择和行动的动力。期望 00 后们，更加注重未来。

00 后们，需要我们给予更加注重未来的环境。我们也知道，00 后们，需要更多施展才华的机会；00 后们，需要经济社会运行的中心从资本变为人，使资本为人服务；00 后们，需要每一个人都成为自己的企业家。期待更多的 00 后成为企业家，让企业家精神和资本携手飞扬！

资本的价值，从最核心的意义上讲，就是未来一连串收入的折现。资本市场的实质在于，用未来的收入流作抵押，募集资本从事现在的经济活动。用经济学的术语，叫"贴现"；用通俗的话说，叫"我拿今天赌明天"。风险投资，为什么不惧风险，极力搜寻好的项目和拥有才华的人？风险投资投的就是人的才华，看中的就是未来。

一个美好的世界，从企业家重视未来开始，资本看中企业家的未来，二者为未来的发展提供了可持续动力。我期待，政府该出手时就出手。政府要做的最重要的事情，就是要让企业家看到未来，激情澎湃地奔向未来。没有企业家的未来，就没有政府的未来。为了共同的未来，政商应该一起携手。

虽然是这个道理，但现实中，却不是这样。政府毕竟是由人组成的，每一个人都是理性人，每一个人的理性都是有限的，每一个人都追求有约束条件下的利益最大化，每个人都需要度过"现在"到达"未来"。

此刻，我陷入了理性想象：企业家不需要的时候，政府隐身不现，有税收，保安全；企业家需要的时候，政府及时现身，促繁荣；政商适时有效握手，是为了共同的美好未来。此刻，约束每一个人的"机会主义"思想，就要靠规则了。一个依据规则运行的社会，才有可能实现规模收益。责任清单、权力清单、负面清单，有没有，能不能有效解决，这是看出我们是否低估未来的一面。市场不相信眼泪，市场相信依据规则的未来！

不再低估未来，尤其是整个社会不再低估未来，是伟大的复兴"中国梦"的逻辑起点。其实，每一个人，都不应该低估未来，因为我们进入了新时代：以人民为中心的发展时代。

2017年，党的十九大翻开了中国发展新时代的新的一页。2018年，一个伟大蓝图的开局之年，以人民为中心的发展思想正在落地、生根、发芽：发展为了人民，发展依靠人民，发展成果由人民共享。

握手市场，握手才华折现新时代，我们向着未来，阔步前行！

注释：

①约翰·梅纳德·凯恩斯，李井奎译：《货币改革略论》，北京：中国人民大学出版社2017年版，第70页。

附录　致千禧一代

突破"资源诅咒"

作为大学老师，我是憧憬着未来的。一走进教室，一股青春的气息，一股青春的力量，扑面而来，一群俊男靓女，坐在我的面前。年轻的朋友们，亲爱的同学们，向你们致敬，你们正在进行人力资本投资，你们是看重未来的，是懂经济学逻辑的。

我们知道，经济发展中存在着"资源诅咒"的现象，人的成长中也存在"资源诅咒"的现象。颜值，一定程度上可以理解为一种资源，那么高颜值就是一种稀缺资源。靠颜值吃饭，就是把稀缺资源盘活了，带来了现金流（或非现金形式的收益）。这就是资源资本化。一切稀缺的资源都是有价的，越稀缺，越高价，这就是相对价格。但靠脸吃饭，面临着两个强约束条件。

一是时间约束。青春易逝，时间对每一个人来说都是公平的。青春就那么些年，自然规律是不可逆的。化妆品就是要去维持难以持续的稀缺资源，所以代价就高。维持的时间越长，花费越大，这是化妆品价格高的原因所在。人们都希望青春永驻，这也是化妆品产业长盛不衰的秘密。青春易逝，靠脸吃饭是不可持续的，资源资本化的现金流也是不可持续的。当然，现代医学提供了整容术，用人工的颜值替代自然的颜值，但仍受时间约束。

二是心理约束。边际效用递减规律，我们都知道，这是人类的心理规律。曾经听说过这么一个故事：美国总统罗斯福连任三届后，有记者问他感想。总统拿出一块面包请记者吃。记者不明白何意，又不便问，只好吃了。总统拿出第二块，记者还是勉强吃了。总统又拿出第三块，记者为了不撑破肚皮，赶紧婉言谢绝。这时总统微微一笑，"现在你知道我连任三届总统的滋味了吧"。受边际效用递减规律的影响，人们会喜新厌旧，这是一种心理本能。

所谓喜新厌旧，就是新的东西，边际效用高；旧的东西，边际效用低甚至为负。在现代婚姻市场中，"小三"为何雨后春笋般地绵延不绝？"小三"是在挑战法律意义上的婚姻。"小三"的命运，一定程度上也体现了边际效用递减规律。靠脸吃饭的"小三"市场，"竞争"是很激烈的。新人笑，旧人哭，是由边际效用递减规律所决定的。

在时间约束和心理约束的作用下，颜值资本化带来的现金流，是不可持续的。颜值资本化，是短期的。从长期考虑，需要突破颜值的影响，进行人力资本投资。

颜值高，有时候也会成为一种"资源诅咒"。资源诅咒，是指那些自然资源丰富的国家和地区，经济增长反而相对缓慢，甚至停滞，这主要是过分依赖某种相对丰富的资源导致的。中文有"红颜薄命"一词，红颜，如何突破"薄命困境"？诗书升华，或许是路径之一。

突破"资源诅咒"，这是拥有众多资源优势的我们年轻时多学习的理由。"少壮不努力，老大徒伤悲。"颜值至高，福兮，祸兮，在于你的心，在于你的选择。

成为不一样的烟火

人生在世，不得不承认一个事实：生而不公！一个人一出生，很多事情就定了。父母无法选择；基因无法选择；肤色无法选择，有人黑头发黑眼睛，有人黄头发蓝眼睛；出生地无法选择，有人生在非洲，有人生在亚洲，有人生在欧洲……

有人自豪：我就是我，就是人间不一样的烟火。有人无奈：没有花香，没有树高，我是一棵无人知道的小草。世间哪有两个同质的人！也许，正是这样，世界才有了多样性。生而不公，生而有异，这就是真相。

生而不公，有人怨天尤人，有人奋发努力！所以，社会就有了阶层流动性。学习，进行人力资本投资，就成了阶层流动性的主要机制之一。

我们每天都面临着选择。每年都有新同学问我：老师，我应该学点什么？我的回答是：学点稀缺的东西。否则，怎能得到高的市场定价呢？一切稀缺的东西，都是有价的。无论是显性的市场定价，还是隐性的市场估价，是金子，总会发光的。学生的闪光点，就是其身上蕴含的潜在生产率。所谓能力，就是一种专用性的资产，你有，别人没有；别人有，你强。

小时候写文章，常常以"光阴似箭，日月如梭"开头，当时并没有特别深刻的体验。但现在，经济社会的发展变化，颇有"一日千里"的感觉，变化太快了。在这个快速变化的时代，要有什么样的稀缺性呢？那要看看，这个世界需要什么，需要我们自主地供给什么？这个世界需要沟通，需要交易，只有这样，人类合作的秩序才能拓展，世界才有发展的机会。也正因为如此，语言和货币成为了通行世界的工具。

外语至关重要。人类学习语言的过程，具有规律性的顺序：听，说，读，写，译。婴儿学语言，就是从听开始的，听到什么，就学什么，地方方言就是这样传承的。一旦会说话，就开始了对精彩世界和精彩人生的探索，"读"就成为拓展无限边界的关键路径，有了"读"的输入，就有了"写"的产出冲动和需求，一旦跨出国界，"译"就是交流的必需品。作为大学生或者研究生，英语的"听"与"说"至关重要。试想未来，你做了公司总裁，与一个国际客户洽谈合同，如果需要翻译，本来花 1 个小时就能完成的事情，就要花 3 个小时。在全球化与互联网时代，地球是平的，每一个行为主体，合作是全球化的，面临的竞争也是全球化的。无障碍的顺畅的外语交流，是一个基本门槛。迈过这个门槛，可以见到一片无际的蓝蓝的天；迈不过这个门槛，就只能困在房里了，市场的边界就约束了市场机会，面临的竞争就更加激烈了，合作的交易成本就更高了。外语水平提高了，未来汉语也就能很容易地走向世界了，英语和汉语兼通，将是我们的绝对优势。

掌握资本的逻辑。三张表是通行的世界语言——资产负债表、利润表、现金流量表。每一个数据背后，都有一个故事，都有着生产要素的流动、产品和服务的流动、货币的流动，都对应着每一个具体的人、每一个具体的行为主体，都是理性选择的结果，尽管从结果上看并不一定是理性的。数据之间，有着特定的逻辑关系，通过逻辑关系分析，我们就知道该公司的运营情况如何。这是宏观数据的微观基础。请记住，资本逻辑是无法斩断的。

数据分析能力，是这个时代的必需品。一位在金融机构工作的学生曾告诉我，在学校的时候，写文章要做实证分析，数据有几千条或几万条，就很好了，现在工作，每天处理的数据是几十万条、几百万条甚至上千万条。数据分析能力，必须借助于统计分析软件。大数据时代，需要我们熟练地掌握统计分析软件，掌握一些基本的编程语言。

现在这个时代，母鸡不但要会下蛋，还要会叫着推销自己的蛋。每个人都是自己的企业家，尤其是在客户面前。有效的表达，具有冲击力的令人记忆深刻的表达，能够很好地影响客户的选择。立体式的表达是这个时代的需要，听觉和视觉需要融合，例如 PPT 就是当前企业中较为通行的表达方式。书面表达能力，体现的是抽象能力、提炼能力，这种能力越来越重要。

提升以上能力的同时，还要提升自己的专业能力。很多课程，现在还无法判断它是否有用，但它直接或间接地影响专业能力。而专业能力，则包括基本的理论素养，以及在社会中的实践能力。

后 记

当敲下本书正文最后一个句号，我的心中感慨万千。我生于改革开放前，小学读于改革开放初，中学读于 20 世纪 80 年代中期，大学读于 20 世纪 90 年代，事业成于 21 世纪，堪称改革开放 1.0 时代。我的人生轨迹伴随着市场发展的轨迹。幸哉如我，伴随着改革开放成长，一路感受市场的灵动。

冥冥之中，我似乎向市而生。1978—2018 年，是我心中市场灵动的编年史，是同龄人触摸市场的编年史，是消费者行为模式变迁的编年史，是生产要素流动的编年史，也是政府宏观调控择机而动的编年史，更是中国国家发展战略与全球化互动的编年史。

你能看到多远的过去，就能看到多远的未来。

进入 2018 年，我有一种发自内心的、愈发强烈的冲动：改革开放 40 周年，我，一个读书人，总要做点什么事情。小时候看武侠小说，梦想仗剑走天涯；人到中年，只能在文字间游走，那就写写自己所感知的市场，看看市意如何一路风行！于是改革开放年度系列就形成了。借助于微信公众号"嗨经济"，每 2 ~ 3 天交一篇年度作业，既是压力，又是动力。坚持就是胜利，至此终于完成。

其实，这一冲动由来已久。作为一名经济学者，我深知，只懂经济学的经济学者，绝对不是一名好学者。我深知，既要讲好"黑板经济学"，锻炼缜密的逻辑思维，也要洞察"现实经济世界"，做一个世俗哲人。幸哉如我，见证了 1978—2018 年的发展，践行了"从实践中来，到实践中去"的理性演进。市场是一个最好的舞台。

文字既成，皆由世人评说。感谢暨南大学出版社徐义雄社长、黄圣英书记和责任编辑雷晓琪、黄佳娜，从文字的凝练到标题的敲定，从碎片化事实到章节的完善，都有他们的辛劳和贡献。感谢我所接触到的每一个人，他们直接或间接地影响着我的市场化思维。

书中尚有诸多错漏之处，敬请批评指正。

刘金山
2018 年 9 月于广州暨南园